A CRIANÇA ATÉ 4 ANOS

Dados Internacionais de Catalogação na Publicação (CIP)
(Câmara Brasileira do Livro, SP, Brasil)

Salek, Vânia de Almeida
  A criança até 4 anos: um guia descomplicado para educadores
(e pais curiosos) / Vânia de Almeida Salek. São Paulo: Summus,
2010.

  Bibliografia.
  ISBN 978-85-323-0648-7

  1. Creches 2. Creches - Brasil 3. Educação infantil I. Título.

09-11851   CDD-372.21

        Índices para catálogo sistemático:
1. Crianças de 0 a 4 anos : Creches : Educação infantil   372.21
2. Educação infantil   372.21

Compre em lugar de fotocopiar.
Cada real que você dá por um livro recompensa seus autores
e os convida a produzir mais sobre o tema;
incentiva seus editores a encomendar, traduzir e publicar
outras obras sobre o assunto;
e paga aos livreiros por estocar e levar até você livros
para a sua informação e o seu entretenimento.
Cada real que você dá pela fotocópia não autorizada de um livro
financia um crime
e ajuda a matar a produção intelectual de seu país.

A CRIANÇA ATÉ 4 ANOS

*Um guia descomplicado
para educadores
(e pais curiosos)*

Vânia de Almeida Salek

A CRIANÇA ATÉ 4 ANOS
Um guia descomplicado para educadores (e pais curiosos)
Copyright © 2010 by Vânia de Almeida Salek
Direitos desta edição reservados para Summus Editorial

Editora executiva: **Soraia Bini Cury**
Editoras assistentes: **Andressa Bezerra e Bibiana Leme**
Capa, projeto gráfico e diagramação: **Gabrielly Silva/Origem Design**
Imagem da capa: **Lavínia Mendes Rosa, 2 anos de idade**

Summus Editorial
Departamento editorial:
Rua Itapicuru, 613 – 7º andar
05006-000 – São Paulo – SP
Fone: (11) 3872-3322
Fax: (11) 3872-7476
http://www.summus.com.br
e-mail: summus@summus.com.br

Atendimento ao consumidor:
Summus Editorial
Fone: (11) 3865-9890

Vendas por atacado:
Fone: (11) 3873-8638
Fax: (11) 3873-7085
e-mail: vendas@summus.com.br

Impresso no Brasil

Este livro é dedicado a todas as pessoas que,
direta ou indiretamente,
participaram e participam,
enriqueceram e enriquecem a história
da Creche Garatuja.

E também
a minha mãe, Iraci,
que possibilitou todos os começos,
a Marcelo e Guilherme,
filhos mais que queridos,
e ao Mauro,
com o amor de sempre.

AGRADECIMENTOS

Agradeço a Heloisa Helena Ferraz Ayres, que me incentivou a registrar as coisas que aprendi ao longo de tantos anos de trabalho na área de educação infantil, a fim de poder compartilhar esses conhecimentos.

Agradeço também a Maria Cristina Michalick e Lilian Rose Schalders Ulup pela leitura atenta e carinhosa dos originais, sugerindo e apontando correções de rumo.

SUMÁRIO

||||| *O começo de tudo* › **11**

||||| **1. O ingresso na creche** › **17**
A instituição · 18
A educadora · 22
A família · 23
A criança · 28

||||| **2. O bebê até 1 ano – Berçário** › **33**
Chegando ao mundo · 33
Interagindo com adultos · 35
Interagindo com crianças · 37
Atividades e objetivos · 39

||||| **3. A criança de 1 a 2 anos – Pré-maternal** › **49**
Desbravando o mundo · 49
Interagindo com adultos · 50
Interagindo com crianças · 51
Atividades e objetivos · 53

‖‖‖ **4. A criança de 2 a 3 anos – Maternal** › **65**

Eu no mundo · 65

Interagindo com adultos · 68

Interagindo com crianças · 72

Atividades e objetivos · 73

‖‖‖ **5. A criança de 3 a 4 anos – Jardim I** › **91**

Ampliando os horizontes · 91

Interagindo com adultos · 96

Interagindo com crianças · 98

Atividades e objetivos · 100

‖‖‖ ***A delicada (e importante) tarefa de colocar limites às crianças*** › **131**

Como colocar limites · 134

‖‖‖ ***Bibliografia/Para saber mais*** › **137**

O COMEÇO DE TUDO

Nos idos de 1981, quando participei da criação da Creche[1] Garatuja – situada na zona sul da cidade do Rio de Janeiro –, jamais imaginei que, algum dia, ousaria escrever um livro sobre educação infantil. Certa feita, porém, conversando com uma amiga muito especial sobre situações vividas no trabalho, comentei quanta coisa havia aprendido ao longo de todos esses anos. Aprendi, por exemplo, que, apesar da proliferação de creches por toda a cidade (mostrando que as famílias, quer por convicção, quer por falta de opção, preferem cada vez mais deixar os filhos nessas instituições a recorrer aos cuidados de parentes ou babás), muitas dúvidas e questões se repetiam ano após ano.

Por parte das mães – e, hoje em dia, de um número crescente de pais –, os sentimentos ambivalentes em relação à creche ("será que meu filho vai ficar traumatizado, achando que está

---

[1]. No Rio de Janeiro, desde a fundação da Creche Acalanto, em 1971, o termo "creche" é usado indistintamente por instituições públicas e privadas. Em outros estados, como São Paulo, o termo mais comum é "escolinha".

sendo abandonado?") alternam-se com um tanto de curiosidade ("o que será que as crianças fazem lá dentro?") e com a vontade de repetir, em casa, as mesmas brincadeiras feitas pelas educadoras[2], de cantar as mesmas músicas.

Por parte das educadoras, principalmente das que estão iniciando a vida profissional, uma espécie de desagrado temeroso ao ser designadas para assumir uma turma de crianças com menos de 2 anos ("ah, mas é tão difícil trabalhar com bebês, eles não sabem fazer nada!"), a sugerir certo preconceito em relação à faixa etária dos bem pequenininhos. Além da insegurança natural, decorrente da escassez de conhecimento e/ou inexperiência (particularmente das educadoras que não têm filhos), percebe-se um sentimento velado de menosprezo, como quem pensa: "Eu não estudei tanto para acabar sendo babá de luxo".

De certa maneira, a Lei de Diretrizes e Bases da Educação, de 1996, e os três volumes do *Referencial Curricular Nacional para a Educação Infantil*, publicados pelo MEC em 1998, vieram para dar uma orientação mais qualificada ao atendimento de crianças dessa faixa etária, do ponto de vista pedagógico. Além disso, a LDB passou a exigir que educadores atuando no segmento creche (crianças até 3 anos) tenham formação em nível superior (Pedagogia) ou Curso Normal Superior, com um ano adicional em educação infantil. Anteriormente, para atender as crianças de creche, bastava que as recreadoras tivessem o segundo grau (atual ensino médio) completo, sem qualquer especialização. A formação específica era exigida apenas para os professores de crianças a partir dos 3 anos.

No entanto, apesar de a nova LDB já ter completado doze anos de idade, ainda são raras as publicações – livros ou revistas

---

2. Preferimos usar "educadora", no feminino, por retratar melhor a realidade das instituições de educação infantil no Brasil, nas quais praticamente inexiste a figura masculina no atendimento direto às crianças. Usaremos, também, como sinônimo, o termo "professora".

especializadas em educação infantil – que tragam atividades específicas para bebês e crianças bem pequenas. A maioria desses trabalhos tem como ponto de partida a criança com 3 anos completos, já na pré-escola.

Era sobre essas coisas que eu conversava com a amiga do primeiro parágrafo, quando ela disse: "Você tem que colocar isso num livro. Eu considero um ato de egoísmo não compartilhar as coisas que a gente aprende e que podem ajudar os outros". Com alguma licença poética, foram mais ou menos essas as palavras.

E o tal ato de egoísmo começou a martelar meu pensamento. Para evitar dor de cabeça maior, resolvi transformar o ato de egoísmo em ato de heroísmo: "Certo, vamos compartilhar conhecimentos, vamos ao livro".

O alvo inicial eram estudantes e professores recém-formados em Pedagogia, na especialidade educação infantil, que, como já foi dito, têm grande dificuldade de planejar atividades para crianças de até 3 anos. Muitas vezes, por não saberem o que esperar delas, propõem atividades inadequadas para a faixa etária. Outras vezes, colocam em terrenos distintos cuidados pessoais e conteúdos pedagógicos.

Procurei, então, dar uma organização didática ao texto, destinando um capítulo a cada faixa etária até os 4 anos, descrevendo as características mais marcantes de cada uma delas e apresentando uma lista de atividades que podem ser feitas com as crianças. Ou seja, o livro foi escrito com a intenção de servir como um guia prático, descomplicado e bem-humorado para educadores.

Acontece que, independentemente da idade, é sempre muito importante que os pais participem da vida escolar dos filhos. Na educação infantil, particularmente, é impossível separar criança e família com resultado satisfatório. Assim, também os pais mais curiosos podem obter dicas interessantes sobre o comportamento dos filhos, sobre colocação de limites e sobre alguns aspectos a ser considerados ao matricularem o bebê na creche. Além disso, poderão matar um pouco a curiosidade de saber o que as crianças fazem lá dentro e aprender (relembrar?) velhas cantigas.

A propósito das atividades, algumas delas são apresentadas na forma de jogos ou brincadeiras, ao passo que outras aparecem como uma listagem de habilidades que a criança deve adquirir e exercitar. Como é fato sabido que todo conhecimento precisa de fixação (repetição) para ser internalizado, cabe aos educadores usar seu talento e imaginação para dar uma cara nova a atividades repetitivas. As mesmas brincadeiras podem ser feitas de diferentes maneiras, com diferentes estímulos. O importante é que a educadora tenha humor, vibre com as conquistas de cada aluno, saiba aprender com eles e faça seu trabalho com entusiasmo e criatividade. Ah, e é preciso ter em mente que atividade e brincadeira, no caso da educação infantil, querem dizer a mesma coisa, pois brincar é o trabalho da criança. E, a bem da verdade, mesmo depois que a gente cresce, vira adulto e envelhece, o conhecimento que se adquire com prazer é sempre o que permanece. (A rima, por exemplo, faz parte da brincadeira.)

No espaço da creche, costuma ser muito produtiva e divertida a interação de crianças de idades diferentes. Os pequenos quase sempre veem nos maiores os seus ídolos, e tentam imitá-los a qualquer custo. Já os mais velhos sentem-se orgulhosos e, de certa forma, responsáveis por aqueles "bebês", ajudando-os quando necessário. Assim, devem ser programadas algumas atividades em conjunto com turmas de faixas etárias distintas, a fim de que essa interação aconteça de maneira intencional, e não aleatoriamente. O trabalho conjunto com crianças de idades diversas permite que elas convivam com diferentes formas de pensar, falar, sentir, resolver problemas, uma vez que cada faixa etária tem um elenco próprio de competências e habilidades.

Quando se tem noção da riqueza propiciada pela interação entre crianças que se encontram em estágios de desenvolvimento distintos, conclui-se quanto o acolhimento a crianças com deficiências ou necessidades especiais, pelas instituições de educação infantil em particular, tem a oferecer a alunos e educadores. Afinal de contas, todos temos limitações e talentos, cada um de nós utiliza mecanismos particulares para construir conhecimentos e cada um de nós o faz em um ritmo pessoal.

De modo geral, as crianças com necessidades especiais devem participar de todas as atividades propostas para o grupo no qual estão inseridas. Os estímulos devem ser os mesmos, desde que se tenha tido o cuidado de escolher a faixa etária mais adequada para atender às necessidades dessa criança, independentemente de sua idade cronológica. Quando a terapeuta do aluno com necessidades especiais sugere alguma atividade mais específica, esta também é proposta para o grupo todo. A maneira de conduzir a atividade e o que pode ser esperado da criança é que variam, de acordo com a necessidade específica de cada uma e com seu grau de comprometimento. Cada caso é um caso. Daí a importância do trabalho conjunto e permanente entre psicóloga, coordenadora pedagógica, terapeuta e família.

O respeito, a solidariedade, a tolerância, o reconhecimento das próprias limitações, a vontade de aprender – talvez sejam esses os conteúdos mais importantes da educação infantil. Se postos em prática ao longo da vida, quem sabe um dia nossa aldeia global aprenda a conviver em harmonia?

1 O INGRESSO NA CRECHE

Quem trabalha em escola de educação infantil, particularmente no segmento creche (crianças até 3 anos), não se impressiona com o burburinho nem com o vaivém de crianças e adultos nos primeiros dias do ano letivo. Alguns alunos, ao voltar das férias, gritam, correm e pulam de alegria ao rever os amigos do ano anterior. Outros, que estão vivendo sua primeira experiência longe dos cuidados da família, mostram-se curiosíssimos, querendo explorar todos os lugares e brinquedos ao mesmo tempo, numa movimentação incessante, capaz de cansar até quem está apenas observando. Outros, ainda, agarram-se nos braços da mãe, recusando-se mesmo a olhar o que se passa ao seu redor. Isso sem mencionar aqueles que, acostumados ou não à rotina da creche, abrem o berreiro. Além das crianças, os acompanhantes desses alunos, ao circular pelos diversos ambientes, reforçam a impressão de desorganização.

Diante de tal quadro, qualquer pessoa mais desavisada que visite a escola nessa época do ano terá a sensação de estar entrando num enorme viveiro de periquitos, seja pela movimentação, seja pela algazarra. "Será que, algum dia, alguém vai conseguir organizar essa passarinhada?", indaga-se a pessoa, entre cética e assustada. A resposta é simples: vai, sim. Dentro de pouco tempo haverá harmonia, desde que todos colaborem e cada qual desempenhe o seu papel. E, para acalmar os periquitos, nada melhor do que uma rotina funcional e prazerosa.

Considerando-se que o ingresso de uma criança de menos de 3 anos na creche é um momento delicado, que comporta anseios e tensões, nessa fase inicial de conhecimento, exploração e experimentação de tantas novidades, atenção especial deve ser dispensada aos elementos envolvidos nesse processo: as crianças, as famílias, as educadoras e a própria instituição.

É fundamental, portanto, que a creche se estruture de modo a dar a devida importância a essa etapa, a fim de que todos se sintam seguros e estabeleçam, desde os primeiros contatos, um relacionamento baseado na confiança recíproca.

A instituição

Cada criança que ingressa na creche traz mudanças para a instituição, que passa a receber a cultura, os hábitos, os valores e a história de seus novos clientes. A creche, portanto, deve estar preparada para estabelecer um diálogo direto e específico com esses pais. É importante que ambas as instituições – creche e família – apresentem com clareza suas possibilidades, regras e limitações, o que é permitido e o que é proibido, o âmbito de atuação de cada uma, as expectativas recíprocas e a natureza do seu "projeto educacional e afetivo" em relação à criança. Na creche, esse projeto circunscreve-se a um prazo limitado, ao passo que, na família, tem duração ilimitada.

Para que o diálogo exista de maneira efetiva, cabe ao estabelecimento criar situações facilitadoras, mostrando-se disponível para acolher pais e filhos.

Hoje em dia, todos compreendem a importância da convivência, desde a mais tenra idade, com as diferenças, sejam elas de que natureza forem: socioeconômicas, religiosas, culturais, étnicas etc. Quando se convive com o diferente, aprende-se a conhecê-lo e a respeitá-lo, exercita-se a tolerância e constrói-se o espírito democrático. De certa maneira, crianças com deficiências físicas (passageiras ou permanentes) e/ou com necessidades educacionais especiais enquadram-se na categoria "diferente". (Como se fosse possível falar em crianças iguais!) Portanto, a creche deve estar preparada para acolhê-las.

Para isso, seu projeto pedagógico deve ser suficientemente flexível para que os conteúdos a ser trabalhados favoreçam o desenvolvimento das capacidades socioafetivas, psicomotoras e cognitivas de todos os alunos, indistintamente. Como cada criança tem um ritmo próprio de desenvolvimento e utiliza mecanismos próprios para construir seus conhecimentos, em função, entre outras coisas, de suas limitações e potencialidades, as estratégias de ensino, a adequação do espaço físico (escadas, mobiliário, iluminação etc.) e a organização das turmas devem proporcionar um acolhimento o mais abrangente possível.

Como um grande número de creches no Rio de Janeiro não interrompe as atividades para férias coletivas, a matrícula de crianças ocorre ao longo de todo o ano. Mesmo assim, a entrada de alunos costuma ocorrer mais no início de cada semestre (janeiro e julho).

Nesses períodos, em que um maior número de pais/crianças está ingressando na creche, sugere-se que esses pais sejam convidados a participar de uma reunião para um contato prévio com as educadoras e os demais profissionais que trabalharão diretamente com seus filhos, de preferência antes de a criança começar a frequentar a instituição regularmente. Nada impede, porém, que os pais que fizeram matrícula ao longo do ano e cujos filhos já estejam frequentando a creche também sejam convidados. Nesse encontro, devem ser explicitados os procedimentos que serão postos em prática por ocasião do ingresso da criança na creche e os motivos que levaram a equipe pedagógica a adotá-los. É interessante também comentar que reações podem ser esperadas das crianças, dos próprios familiares, as atitudes que ajudam a criança a se familiarizar com o novo ambiente e outros assuntos pertinentes. Esse momento pode servir, ainda, para que os familiares esclareçam dúvidas e troquem ideias com os outros pais que estão passando pelo mesmo tipo de experiência.

Essa reunião, porém, não dispensa a conversa individual entre a psicóloga e os pais. Nesse momento, a escola procura não só obter informações mais aprofundadas sobre a criança (nascimento, saúde, temperamento, preferências etc.), sobre as relações familiares e sobre as expectativas dos pais em relação ao trabalho a ser desenvolvido pela creche, mas também detectar o que é priorizado pelos pais ao falar de si ou da criança. Encontros dessa natureza favorecem a criação de vínculos mais estreitos e individualizados entre a creche e a família.

Quando a criança precisa de um atendimento diferenciado, em função de qualquer deficiência física (surdez, cegueira, déficit motor ou mental etc.) ou disfunção orgânica (diabetes ou convulsões, por exemplo), a entrevista permite que os pais conversem mais abertamente com a psicóloga sobre seus sentimentos, dúvidas e expectativas.

A coordenadora (ou orientadora) pedagógica, por sua vez, procurará se informar sobre o tipo de atendimento que a criança necessita e se há um acompanhamento especializado extracreche, a fim de estabelecer um diálogo complementar entre essas duas instâncias, programar as atividades mais adequadas, orientar as educadoras sobre o que esperar da criança e a maneira de conduzir essas atividades. Em alguns casos, é possível até que a criança precise da atenção e do cuidado exclusivos de um adulto, devendo a creche estar aberta e disposta a integrá-la ao trabalho da equipe.

Sem muito medo de errar, podemos dizer que a coordenadora pedagógica é o coração de uma creche. É ela que conversa com os pais sobre a proposta pedagógica da instituição, é ela que está sempre em busca de novas atividades – ou de novas maneiras de propor velhas atividades – e está sempre em contato com as crianças, para ver de perto o ritmo de suas conquistas. Cabe a ela, ainda, junto com a psicóloga, preparar as educadoras, por meio de palestras, reuniões e leitura de textos teóricos, a fim de que tenham clareza quanto ao seu papel e adquiram, assim, a tranquilidade e a segurança necessárias para acolher os novos alunos e seus familiares.

Ainda que, por lei, não seja exigida a presença de uma psicóloga no quadro de funcionários das creches, se ela puder complementar o trabalho da coordenadora pedagógica, como foi visto anteriormente, a instituição terá muito a ganhar.

Por ser totalmente inviável – e até contraproducente – permitir o ingresso de uma criança de cada vez, sugere-se que os novos alunos comecem a frequentar a creche em horários alternados, nos primeiros dias de aula, e que o número de horas diárias de permanência aumente gradativamente, até chegar o momento em que todas as crianças daquele grupo (ou turma) se encontrem. Dessa forma, a educadora terá oportunidade de conhecer melhor cada aluno, percebendo de que maneira ele se relaciona com a mãe, com outras crianças e outros adultos, suas preferências, hábitos alimentares etc. Cabe à instituição organizar esses horários junto com as famílias.

A educadora

Um dos principais fatores para que a educadora tenha a tranquilidade necessária para um bom desempenho nessa fase inicial é saber com clareza qual é o seu papel e o que dela é esperado. Como virá a ser a figura de referência para o bebê – uma pessoa conhecida, cujos comportamentos se tornem previsíveis para ele –, ela será o principal elo entre os pais e a instituição, isto é, entre os ambientes familiar e extrafamiliar. Em momento nenhum pretenderá substituir (ou mesmo imitar) a mãe. Deverá, porém, aprender com esta de que maneira a criança costuma ser cuidada e acalentada, para que a transição seja feita da maneira mais suave possível. Além disso, a educadora também deverá estar preparada para compreender as reações da criança – que, ao compartilhar a atenção do adulto com outras crianças pela primeira vez, poderá mostrar-se arredia (ou até mesmo hostil), agitada, agressiva, tímida etc. O conhecimento das características da faixa etária de seus alunos é imprescindível para que a educadora possa fazer um planejamento consistente e adequado.

Se a turma a ser atendida tiver alguma criança portadora de deficiência física e/ou necessidades especiais, é importante que sejam programadas atividades que possam contar com a participação de todos os alunos. O maior desafio é perceber de que maneira cada criança interage e comunica-se com o mundo, a fim de encontrar caminhos para integrá-la ao grupo. Essa tarefa será facilitada se houver uma troca permanente de informações e ideias entre a coordenação pedagógica, a professora da turma, a psicóloga da creche e, inclusive, a família.

Como estamos falando de crianças bem pequenas, que não dominam a fala, o choro é um meio de comunicação importante, e assim deve ser visto. Ou seja, ele não é, necessária e exclusivamente, expressão de sofrimento, podendo servir para pedir água, comida, aconchego ou mesmo aquele brinquedo que se encontra ao alcance dos olhos mas fora do alcance das mãos. Por isso, pais e educadoras devem aceitá-lo com naturalidade e procurar entender o seu significado em cada situação.

As atividades programadas, por sua vez, devem ser compatíveis com o momento que está sendo vivido pelo grupo de alunos, de modo a alcançar o objetivo desejado: que a criança se sinta segura no novo ambiente. Os alunos antigos, já habituados à rotina da creche, não podem ser esquecidos ou deixados de lado, porém também não podem servir como única referência para o planejamento das atividades. Estas devem ser curtas, variadas e, de preferência, feitas em grupo. Atividades com música costumam exercer grande fascínio sobre crianças de todas as idades.

É muito importante, também, permitir que os ambientes sejam explorados com liberdade. A organização da sala e da rotina, nessa fase, não deve constituir a preocupação primordial da educadora; ela deve estar mais atenta em aprender de que maneira cada um dos alunos cria seus referenciais no novo ambiente: quais são seus brinquedos, brincadeiras, cantigas, histórias, locais, pessoas ou momentos preferidos. Quando a educadora consegue estabelecer um relacionamento comunicativo com o bebê, quando pais e educadoras abandonam atitudes defensivas, quem tem mais a ganhar é a criança, que "consegue prazer da satisfação de sua necessidade primária de sentir-se coparticipante e coprotagonista de laços de apego múltiplos com adultos e coetâneos" (Bondioli e Mantovani, 1998, p. 101).

A família

A rigor, a criança começa a ingressar na creche no momento em que seus pais a visitam pela primeira vez. A forma como são acolhidos, a objetividade e a clareza com que lhes são passadas as informações desejadas, as observações que eles fazem do ambiente e das crianças que ali se encontram tornarão mais fácil ou mais difícil a opção de deixar o filho aos cuidados de "estranhos".

Para se sentirem mais confiantes quanto à melhor creche para matricular o filho, é interessante que os pais visitem diversos estabelecimentos antes de escolher o que mais lhes agradou. As indicações feitas por parentes e amigos têm certo peso, sem dúvida alguma, porém esse tipo de escolha deve ser pessoal e intransferível. Outro fator de grande importância para a tranquilidade dos pais é ter clareza quanto aos motivos que os levaram a deixar o filho na creche: por ser uma decisão importante, particularmente em se tratando de bebês, convém que ela seja analisada de vários ângulos.

A opção de deixar a criança na creche algumas vezes é acompanhada por sentimentos ambivalentes. Se por um lado há a expectativa de que o bebê seja atendido por pessoas bem preparadas, por outro há o receio de que ele possa se sentir abandonado. Algumas vezes, essa ambivalência se manifesta como certa animosidade – ora clara, ora velada – em relação à educadora, com reclamações de descuido ou má orientação.

Tais sentimentos, embora contraditórios, são verdadeiros e genuínos, devendo ser respeitados e compreendidos em sua real dimensão. De nada ajudará classificá-los como "certos" ou "errados", considerá-los exagerados ou interpretá-los apenas como um sinal de insegurança dos pais. Estes às vezes parecem necessitar do apego ansioso e da dependência do filho para ter a certeza de que são insubstituíveis. No entanto, quando o filho consegue ficar longe dos pais durante algum tempo sem o sentimento de abandono, é sinal de que pai e mãe vêm desempenhando o seu papel de maneira satisfatória.

Durante essa fase de conhecimento recíproco, a psicóloga da instituição poderá dar apoio emocional aos pais, seja esclarecendo dúvidas objetivas, seja ouvindo questões de natureza afetiva. Da mesma forma, poderá ajudar a educadora a compreender melhor as reações deles (pais) e, dessa maneira, facilitar o diálogo entre família e creche. O papel desempenhado pela coordenadora pedagógica adquire relevância ainda maior no trabalho de inclusão de alunos portadores de deficiência e/ou necessidades educacionais especiais. A confiança na instituição e nas pessoas que atendem a criança só é adquirida aos poucos e vai depender não apenas da satisfação das expectativas familiares, mas também do tipo de relação que se estabeleça com a educadora.

Por todos os motivos expostos acima, é indispensável que, nos primeiros dias de aula, o bebê permaneça na creche ao lado de uma pessoa que lhe seja bastante familiar e esteja acostumada a lidar com ele em casa: a mãe, o pai, uma avó, uma tia, ou mesmo uma babá. Esse acompanhante, além de ver de perto o funcionamento da instituição – e, dessa maneira, adquirir confiança no trabalho desenvolvido –, ajudará a estabelecer o elo afetivo entre a educadora e a criança. Ao observar a maneira como o acompanhante se relaciona com o bebê – como o alimenta, como troca sua fralda, como lhe dá banho ou o acalenta – a educadora procurará reproduzir, a seu modo, esses hábitos, até que seu próprio estilo se torne conhecido para a criança.

Nesse período, mãe e filho devem ser vistos como uma dupla em fase progressiva de afastamento. Assim, a separação dos dois deve ser feita de maneira planejada e gradativa, levando-se em conta a reação da criança ao afastamento, bem como a disponibilidade de tempo do adulto.

O momento de despedida entre o acompanhante e a criança costuma ser delicado e, não raro, se dá com choro (às vezes de ambas as partes). Nem por isso o adulto deve ir embora sem se despedir explicitamente, aproveitando um momento de distração da criança. Os desaparecimentos do acompanhante, sem explicação, podem gerar ansiedade na criança – que, dessa forma, nunca saberá que "surpresa" aguardar quando se distrair novamente. Por isso, o ideal é que a despedida seja clara e breve (um beijo, um abraço, um até logo) e que o adulto não se esqueça de dizer que, mais tarde, ele mesmo ou outra pessoa virá buscar a criança. Esse cuidado vale também para os bebês que não falam, aqueles sobre quem se costuma dizer que não entendem nada. Eles podem até não compreender o significado de cada palavra, mas são verdadeiros mestres na captação das mensagens afetivas subjacentes à fala ou ao silêncio.

O momento do reencontro também pode trazer surpresa para os pais. Na maioria das vezes, a criança demonstra grande alegria ao rever seus familiares. Em outras, porém, a expectativa pela chegada desse momento pode ser tão intensa que todos se emocionem até as lágrimas, especialmente quando os pais acreditam estar perdendo a oportunidade de ser a primeira pessoa a ver as conquistas da criança.

Os adultos que permanecerão com a criança na creche, nessa fase inicial, devem ser bem orientados quanto aos comportamentos que facilitarão o trabalho de todos. Antes de mais nada, é necessário que venham munidos de paciência e de um bom passatempo. Enquanto estiverem no mesmo ambiente que a criança, convém não oferecer atividades ou brincadeiras alternativas às que estão sendo propostas pela educadora, pois a criança vai sempre preferir brincar com as pessoas que conhece. A presença de uma figura familiar que fique tranquila num canto, sem "competir" com a educadora, deixará a criança mais disponível e interessada em explorar, brincar e aceitar os contatos com outros. Além disso, se houver mais de um adulto servindo como referência para os alunos, estes não saberão a quem atender. O melhor a fazer é observar com atenção as brincadeiras que estão sendo comandadas pela educadora, como se fossem a coisa mais interessante do mundo, e convidar a criança a observá-las também, caso ela ainda não esteja disposta a sair do colo do acompanhante. Em nada ajudará, por outro lado, demonstrar ansiedade para que a criança se integre logo ao grupo ou aceite os cuidados de uma pessoa que, para ela, não passa de uma estranha. A criança poderá ficar com a sensação de que o acompanhante quer se livrar depressa da incumbência, e é preciso ter cautela para não se queimar etapas.

Por fim, convém que a família tenha claro em mente que, na creche, a educação da criança jamais se dará no âmbito exclusivamente individual. A educadora, diferentemente dos pais – e por mais que respeite a individualidade de cada um de seus alunos –, sempre a perceberá dentro de um grupo, interagindo com outras crianças, de idades semelhantes (cronológica ou não), sendo a creche o lugar de encontro de diversas experiências relacionais e práticas educacionais. Em educação, os papéis da escola e da família não são intercambiáveis. Eles têm naturezas distintas, ainda que complementares.

DICAS PARA OS ACOMPANHANTES

- ✓ O ideal é que somente um adulto acompanhe a criança. Não precisa ser a mesma pessoa todos os dias.
- ✓ Evite conversas em voz alta com os demais acompanhantes, principalmente dentro de sala, para não prejudicar as atividades.
- ✓ Não proponha atividades alternativas.
- ✓ Não force a criança a participar das atividades. Convide-a, apenas, a observar o que está sendo feito pelas outras crianças.

✓ Traga alguma coisa para se distrair.

✓ Observe os horários combinados de entrada e saída.

✓ Traga a criança diariamente, mesmo que ela relute. O estabelecimento de uma rotina ajuda a criança a se organizar e a compreender o que está acontecendo.

✓ Esclareça toda e qualquer dúvida com os profissionais da instituição, preparados para tal (coordenadoras, psicólogas, educadoras).

A criança

O primeiro ano de vida do bebê caracteriza-se pela estreita ligação física e emocional com a mãe, desenvolvida por meio dos cuidados que esta dispensa a ele, amamentando-o, confortando-o, às vezes criando uma interdependência difícil de ser superada, por ambas as partes, quando surge a necessidade da separação. Hoje em dia, em um número crescente de famílias, essa necessidade se faz presente logo após o término da licença-maternidade, e os pais optam por matricular o filho em uma creche.

Alguns bebês reagem com choro ao ser cuidados por estranhos. Às vezes é um choro sentido, que pode expressar a falta que está sentindo da mãe naquele momento. Porém, essa nota "triste" do choro deve ser compreendida como um sinal de que a relação entre mãe e bebê está deixando de ser simbiótica, como sinal de que o afeto que os une é bastante forte. Portanto, é natural que alguns bebês chorem ao chegar à creche, onde, num primeiro momento, todas as pessoas lhes são desconhecidas. Às vezes, um objeto trazido de casa – um brinquedo ou um travesseiro, por exemplo – pode servir como elemento de ligação entre a casa e a creche e, dessa maneira, ajudar o bebê a sentir-se mais seguro no novo ambiente.

Por volta dos 7 a 9 meses de idade, muitos bebês, mesmo aqueles que até então se mostravam risonhos diante de qualquer um, passam a chorar ao ver pessoas estranhas. Isso se dá quando o bebê é capaz de reter na memória a imagem de pessoas muito familiares, mesmo quando estas não estão presentes, principalmente a imagem da mãe ou de quem desempenha tal função. Nessa fase, o bebê já guarda muitas lembranças da mãe indo e vindo, e começa a sentir-se seguro e confiante quanto ao seu retorno. Isso não quer dizer que, a partir de então, ele sempre reagirá positivamente quando os pais se ausentarem, mas um posicionamento seguro e firme destes fará que os períodos de separação comecem a ser vividos com naturalidade e possam se transformar em experiências enriquecedoras para todos.

Após o seu primeiro aniversário, a ligação do bebê com a mãe já não é tão simbiótica. Ele consegue afastar-se dela para explorar o ambiente e tolera mais facilmente suas ausências – particularmente se fizerem parte de uma rotina –, por ser capaz de antecipar o seu retorno. A rotina, por tornar os acontecimentos do dia a dia mais previsíveis para a criança, é extremamente importante para sua organização interna e seu crescimento. Sendo assim, quando os pais precisam trabalhar, a permanência do bebê na creche – mesmo que por muitas horas – com uma rotina certa, regular, previsível e com um adulto de referência, é preferível a mudanças frequentes e gente demais para cuidar dele.

Porém, a despeito de suas inúmeras conquistas, as ausências da mãe ainda são sentidas pela criança. Por isso, ao começar a frequentar a creche, não se pode esperar dela uma reação coerente e compreensiva toda vez que tiver de se afastar do acompanhante. Em certos dias ela poderá reagir muito bem; em outros, nem tanto. E, mesmo quando já aceita os períodos de separação diária da mãe, é possível que passe por fases de insegurança, durante as quais seguirá a mãe de um lado para o outro, podendo apresentar algumas outras alterações de humor e comportamento, tais como dificuldade para comer ou dormir, maior agressividade, apelo mais frequente ao choro, dentre outras reações. Depois que as ausências e os retornos da mãe passarem a fazer parte de sua rotina, a criança tenderá a retornar ao comportamento habitual.

Por volta dos 2 anos de idade, a criança já tem um domínio maior da linguagem, sendo capaz de dar nomes às coisas, às pessoas e às ações. Para ela, "é como se os nomes fossem mais reais do que os objetos mesmos" (Stone e Church, 1979, p. 147), de modo que a imagem da mãe pode ser evocada por meio das palavras.

O domínio da linguagem poderia ajudá-la a compreender que terá de ficar longe da mãe por algumas horas, enquanto permanece na creche. Porém, a consciência – embora incipiente – que tem de si mesma como uma pessoa separada dos outros e do ambiente físico faz que se torne muito apegada à mãe e relute bastante em afastar-se dela. No entanto, para o fortalecimento de laços afetivos seguros entre mãe e filho, é de grande importância que ambos vivam momentos de independência, em que cada um cuide dos seus interesses. Nesse sentido, a creche propicia a todos – pais e filhos – esses momentos de independência.

Alguns comportamentos característicos dessa faixa etária podem deixar os pais confusos, achando que o filho está rejeitando a creche e não conseguirá se sentir à vontade e confortável nesse novo ambiente. É que, aos 2 anos, a criança tem alguma consciência de suas habilidades e competências – muitas delas recém-adquiridas – e deseja fazer tudo sozinha, sem ajuda dos adultos. Assim, diz "não" para tudo que lhe é solicitado ou oferecido. Percebe, porém, que há certa defasagem entre o que de-

seja fazer e o que *consegue* fazer (principalmente quando tenta fazê-lo). Ou seja, percebe que nem todos os seus desejos podem ser atendidos. Na maioria das vezes, reage furiosamente, enrijecendo os músculos ou deixando-os totalmente flácidos, chorando, chutando ou batendo, tendo um acesso de birra, em resumo. Minutos depois, aproxima-se do adulto como um bebê, em busca de colo, aconchego e carinho.

Esse negativismo da criança é importante para o seu crescimento e independe de sua entrada na creche. Depois de ouvir muitos "nãos" dos pais, agora chegou a sua vez de dizer essa palavrinha mágica, para ver como eles reagem. Muitos pais, ao matricular o filho na creche, alertam os educadores, com uma ponta de orgulho: "Meu filho tem muita personalidade! Ele realmente sabe o que quer!"

Depois de completar 3 anos, com seu mundo interior mais organizado e um domínio maior da linguagem, o ingresso da criança na creche costuma se dar sem grandes percalços. Se antes ela aceitava de bom grado brincar ao lado de outras crianças de sua idade, agora demonstra alegria ao se relacionar com os colegas. E é somente a partir dessa relação com os outros que ela aprenderá a partilhar os brinquedos e a cooperar. Da mesma forma, apega-se bastante à educadora e dela se aproxima para contar casos, fazer comentários ou mostrar algum feito de que se orgulhe.

No caso de alunos com necessidades educacionais especiais, vale ressaltar que, independentemente do grau de deficiência física ou mental, o trabalho de inclusão no grupo poderá ser bem-sucedido em função, principalmente, das oportunidades de interação e socialização vivenciadas por eles.

Eu gostaria de finalizar este capítulo salientando que, em qualquer idade, as crianças vivenciam melhor o processo de inserção na creche quando:

- os pais têm convicção de estar fazendo o melhor para o seu filho;
- a criança é atendida levando-se em consideração as características e necessidades de sua faixa etária e/ou estágio de desenvolvimento;
- a educadora tem consciência da importância do seu papel e sabe desempenhá-lo com tranquilidade;
- a instituição planeja a estratégia mais adequada para o acolhimento de cada família.

 # O BEBÊ ATÉ 1 ANO – BERÇÁRIO[3]

Oh, admirável mundo novo!
William Shakespeare

Chegando ao mundo

Imagine-se caindo de paraquedas numa terra de paisagem estranha, de clima inóspito, e se ver rodeado por um bando de seres que o examinam e falam uma língua que lhe é totalmente desconhecida. Você não faz ideia de onde se encontra e nem conhece os costumes do lugar. Você tenta fugir, mas não tem controle sobre os movimentos. Seus gestos, involuntários, não expressam o que está sentindo. A bem da verdade, nem mesmo você tem clareza do que está sentindo, tal é o seu estado de confusão.

---

3. O nome das "séries" varia de escola para escola e de região para região do país. Utilizamos neste livro a nomenclatura mais comum no Rio de Janeiro.

No entanto, logo, logo você descobre que esse mundo diferente está repleto de pessoas capazes de traduzi-lo para você e de atribuir significados às coisas que acontecem ao seu redor.

Para o bebê, o mundo é essa terra estranha e o adulto é o intérprete que vai ajudá-lo.

Mas como funciona esse mundo que, no princípio, se assemelha ao caos? É preciso organizá-lo e, para isso, o melhor é ir por partes. Em primeiro lugar, estabelecendo-se uma *rotina* que tenha algum significado para o recém-nascido: existe a hora da comida, existe a hora do passeio, existe a hora do banho, existe a hora de dormir (bem, pelo menos tenta-se) e também a de ficar acordado. Assim, algumas coisas começarão a fazer sentido e, passados alguns meses, o bebê acabará aprendendo o que pode acontecer com ele ao longo do(s) dia(s). Assim, ele não precisa mais ficar em estado de apreensão permanente e pode se sentir mais seguro. (Nesse aspecto, a rotina da creche ajuda o bebê a se situar e funciona como fator tranquilizante para os pais.)

À medida que seu tempo de vigília aumenta, o bebê, com toda certeza, gostará de apreciar o mundo de outros pontos de vista: sua paisagem não poderá se restringir a uma sucessão de diferentes tetos. Primeiramente o colo e depois uma cadeirinha, onde o bebê possa ser acomodado em uma posição entre sentado e reclinado, serão de grande ajuda, pois ele perceberá que o "país" onde agora habita é bem maior e mais interessante do que poderia supor num primeiro momento. Logo, logo o bebê estará se sentando sozinho e, se lhe derem chance, dentro de pouco tempo começará a se arrastar e a engatinhar pelo chão, fazendo novas descobertas.

Embora pessoas e objetos estejam sempre entrando e saindo de seu campo visual, nada lhe escapa ao olhar, seja aquela bola vistosa feita de tecido macio, seja aquela sujeirinha que escapuliu da vassoura e permaneceu no chão. Tudo serve de estímulo e é objeto de minuciosa investigação: o bebê pega, examina e leva à boca todas as coisas que estiverem ao seu alcance – inclusive seus pés e suas mãos –, para conhecê-las melhor. Pegar e largar o que quer que seja é uma brincadeira bastante divertida, pois significa que ele já é capaz de realizar alguns movimentos voluntariamente, e também que nem tudo que desaparece do seu campo de visão momentaneamente – como a mãe, por exemplo – deixa de existir.

Interagindo com adultos

Como vimos, ao longo de seu primeiro ano de vida, o bebê interage com o mundo por intermédio de um adulto. Geralmente, quem funciona como elo é a mãe. É ela quem se faz presente para aconchegar, alimentar e confortar o bebê sempre que ele é tomado por sensações desagradáveis como dor, fome, excesso de luz, barulho ou frio.

A aprendizagem do mundo (como qualquer outra aprendizagem) não se restringe a um mecanismo fisiológico: as emoções também desempenham papel fundamental. Caberá, portanto, ao adulto apresentar ao recém-nascido o mundo como um lugar acolhedor e agradável. Para exercer essa função, é importante que o adulto reconheça suas emoções e seus sentimentos, a fim de manejar, da melhor forma possível, o "intercâmbio" entre a criança e o mundo. Se o adulto demonstrar tranquilidade e confiança, essas emoções vão permear a representação de mundo oferecida ao recém-nascido.

Somente por volta do terceiro ou quarto mês de vida o bebê começa a ter noção de que seu corpo é distinto do de sua mãe. Suas constantes e naturais idas e vindas farão que ele comece a se perceber como uma pessoa cujo corpo tem limites próprios e, posteriormente, como um sujeito com desejos próprios, o que ocorrerá próximo ao seu primeiro aniversário.

No seu primeiro ano de vida, quando é totalmente dependente do adulto para se alimentar, para se locomover e, acima de tudo, para começar a entender o que se passa dentro e fora dele, o bebê necessita de adultos que se disponham a compreender suas solicitações e necessidades e que sejam capazes de satisfazê--las de maneira afetuosa. Em outras palavras, o bebê necessita de adultos que consigam estabelecer um diálogo afetivo com ele.

Na creche, essa deve ser a principal preocupação das educadoras. Para isso, sugere-se que o bebê seja atendido por um ou dois adultos – sempre os mesmos todo dia – sensíveis o bastante para aprender a "ouvi-lo".

Se a cada dia, ou a cada semana, o bebê for atendido por uma pessoa diferente – ou mesmo por diversas pessoas todos os dias – o mundo parecerá muito mais complicado do que de fato é, e ele poderá se sentir inseguro. A autoconfiança do bebê se fortalecerá à medida que o diálogo com a educadora se aprofundar e esta conseguir compreender o que ele está tentando comunicar por meio de gestos, balbucios, choro ou outras formas não verbais de expressão. À medida que sua autoconfiança aumentar, mais vontade ele terá de explorar e interagir com o ambiente.

Para que a educadora tenha condições de perceber as necessidades e os desejos do bebê, é necessário, antes de mais nada, que ela conheça os comportamentos típicos da faixa etária das crianças sob seus cuidados, tendo sempre em mente que cada uma tem um estilo pessoal de manifestar essas necessidades e esses desejos. Ou seja, a educadora deve ser capaz de perceber a individualidade de cada bebê dentro das características gerais da idade.

Alguns comportamentos facilitam o estabelecimento do diálogo afetivo entre a educadora e o bebê.

Conversar com ele olhando-o nos olhos, explicar cada atividade a ser desenvolvida (seja uma troca de fralda, seja uma pintura a dedo), chamá-lo pelo nome, respeitar seu ritmo e seu humor – ou as variações de ritmo e humor em um mesmo dia ou de um dia para o outro –, acarinhá-lo, acreditar em sua capacidade, estimulá-lo a tomar iniciativas, elogiá-lo sempre que possível sem exageros e colocar limites quando necessário são alguns desses comportamentos.

Criados os vínculos, a mãe poderá se sentir satisfeita por saber que seu filho é amado também fora do ambiente familiar. A educadora, por sua vez, ficará feliz por perceber que vem desempenhando seu papel com eficiência, ao conquistar o afeto das crianças e ao colaborar com a família na realização do trabalho educacional.

Quanto ao bebê, o principal é que não fique aos cuidados de vários adultos e que seja tratado com muito carinho, tanto na própria casa quanto na creche.

Interagindo com crianças

Quando meu filho mais velho nasceu, uma de minhas amigas tinha uma filhinha que acabara de completar 1 ano. Ao nos visitar pela primeira vez, a garotinha ficou na ponta dos pés para olhar o que havia dentro do carrinho e exclamou, toda contente: "Mamã, au-au!"

É possível que, para a filha de minha amiga, naquele momento "au-au" significasse todo ser vivo que se move e que não é adulto: minhoca, elefante ou bebê. De qualquer maneira, ela expressou com bastante clareza que ainda não era capaz de perceber um recém-nascido como um ser semelhante a ela: bichinhos ou crianças pertencem a uma categoria de brinquedos extremamente interessantes, porque reagem ao toque e são capazes de se mexer sem que ninguém precise lhes dar corda.

Antes de completar 1 ano, quando o bebê se encontra na fase de engatinhar para explorar seus "domínios", outras crianças que porventura compartilhem o mesmo espaço serão vistas como objetos a ser transpostos, assim como uma cadeira ou uma caixa de papelão. Não se pode esperar, portanto, que uma criança com menos de 1 ano interaja ou brinque com outra, seja em sua própria casa, seja na creche. Às vezes, depois dos 6 meses de idade, elas podem até trocar olhares, sorrisos ou balbucios, indicando, de maneira fugaz, uma interação intencional. Mas geralmente o bebê demonstra alegria diante das aproximações e gracinhas feitas por crianças mais velhas e chora quando algum adulto que não lhe é familiar se aproxima para fazer as mesmas gracinhas.

Apesar disso, ao conviver na creche com outros bebês de idades semelhantes, ele aprende a compartilhar a atenção do adulto e a esperar a sua vez de ser atendido, o que é bastante salutar, desde que essa espera não seja excessivamente prolongada. Nem mesmo em casa, sob o cuidado exclusivo da mãe, o bebê é prontamente atendido sempre que solicita, pois ela também tem necessidades próprias (falar ao telefone, tomar banho, descansar, ler o jornal etc.), das quais não deve abrir mão de maneira incondicional, mesmo quando não sai para trabalhar. Assim, o ingresso do bebê na creche antes de completar 1 ano pode ajudar a mãe a retomar afazeres preexistentes, permitindo que ela recupere parte de seu tempo sabendo que o filho tem a oportunidade de experimentar os primeiros rudimentos da vida em sociedade sem que isso implique, nem de longe, o afrouxamento dos laços afetivos que os unem.

Atividades e objetivos

Nessa faixa etária, o estabelecimento de vínculos afetivos com pessoas estranhas à família, a exploração do próprio corpo, a aquisição da marcha, o maior contato com a linguagem oral e o estímulo à curiosidade pelas coisas que estão à sua volta fazem parte do processo de construção da identidade e autonomia. Por isso, são esses os principais objetivos das atividades a serem oferecidas pela creche.

Tudo que o bebê quer e necessita é bastante espaço para explorar e se locomover, até conseguir dar os primeiros passos por conta própria, ávido pela aprovação e pelo aplauso dos adultos.

Atividades de rotina

As atividades rotineiras do dia a dia (hora das refeições, da higiene e do sono) são as que mais favorecem a criação do vínculo afetivo entre a educadora e o bebê até 1 ano. Para isso, é indispensável que esses momentos – que deixam o bebê confortável – sejam bastante tranquilos e que o adulto os conduza de maneira carinhosa. As atividades de higiene em particular (hora do banho, troca de fraldas ou de roupa) também oferecem ótimas situações para que a educadora ajude o bebê a conhecer o próprio corpo.

- Sempre que possível, dê mamadeira ao bebê segurando-o no colo. Se ele estiver numa cadeirinha reclinada, tipo bebê-conforto, olhe-o nos olhos e converse com ele. A partir do sexto mês, ajude-o a segurar a mamadeira.
- Dê atenção individualizada ao bebê na hora da alimentação, mesmo que ele já consiga tomar a mamadeira sozinho.

- Coloque o bebê para arrotar após a mamadeira.
- Depois que o alimento pastoso tiver sido introduzido, permita que o bebê ponha a mão na comida, mesmo que venha a se sujar.
- Depois que o alimento sólido tiver sido introduzido, permita que a criança pegue pedaços de fruta, de pão, de biscoito etc. com as próprias mãos.
- Se a criança manifestar interesse, dê a ela uma colher para que aprenda, gradativamente, a comer sozinha.
- Não ofereça brinquedos ou proponha brincadeiras para distrair a criança durante as refeições.
- Sempre lave as próprias mãos, bem como as do bebê, antes das refeições.
- Na hora do banho, segure o bebê com firmeza para que ele se sinta seguro. Ofereça-lhe brinquedos flutuantes e faça brincadeiras, como dar tapinhas na água ou encher potinhos. Você também pode cantar para ele.
- Ensaboe o bebê delicadamente, dizendo o nome da parte do corpo que está sendo lavada.
- Quando o bebê estiver mais próximo de completar 1 ano, solicite sua colaboração na troca de roupa, pedindo para que enfie o braço na manga da camisa ou o pé na perna da calça, por exemplo.
- Os momentos de sono do bebê precisam ser tranquilos e respeitados, e devem ser estabelecidos em função da necessidade de cada criança. O ideal é que adormeçam no berço ou no colchonete, conforme o caso, e não no colo. Porém, a educadora deve ter a sensibilidade de perceber se a criança, naquele dia ou momento, está precisando de um contato físico mais aconchegante para se acalmar antes de adormecer. Se, em casa, a criança estiver habituada a dormir no colo, a educadora deve ter o cuidado de, pouco a pouco, fazer que

ela aprenda a adormecer no berço. Canções de ninar ou músicas suaves ajudam a criar um ambiente adequado.

A troca de fraldas é um momento importante de contato com o bebê, porque ele recebe atenção individualizada. As dicas abaixo visam tornar essa troca ainda mais afetuosa:

- ✓ massageie o corpo do bebê (rosto, orelhas, barriga, costas, pernas, dedos dos pés e das mãos, joelhos etc.), nomeando as partes que estão sendo massageadas;
- ✓ segure as pernas do bebê pelas coxas e dobre-as, uma de cada vez ou as duas ao mesmo tempo;
- ✓ segure as pernas do bebê, movimentando-as como se ele estivesse pedalando;
- ✓ segure as mãos do bebê e abra/feche e levante/abaixe seus bracinhos;
- ✓ segure as mãos do bebê, abra seus braços e sopre sua barriga;
- ✓ passe uma escova de cerdas bem macias pelo corpo do bebê: pernas, pés, barriga etc.

Percepção corporal

- Sem forçar, pegue a mãozinha do bebê para que ele acaricie o próprio rosto, barriga, perna e também o rosto da educadora.
- Coloque o bebê em frente ao espelho para que ele se observe.
- Faça brincadeiras do tipo "Cadê o toucinho que estava aqui?"
- Coloque um brinquedo pequeno na mão do bebê, tentando fazer que ele o transfira para a outra mão.

- Dê dois objetos pequenos nas mãos do bebê e tente fazê-lo bater um no outro.

Aprendendo a andar

Antes de começar a caminhar sozinho, com passinhos curtos e ligeiros, o que ocorre próximo ao seu primeiro aniversário, o bebê terá passado por outras fases: sentar-se, arrastar-se pelo chão, engatinhar e andar com apoio. Há até os que pulam uma ou outra etapa, mas nenhum será capaz de sair andando de uma hora para outra caso tenha sido mantido sempre dentro do berço ou cercadinho. Ou seja, para caminhar, o bebê necessita não apenas de espaço, mas também que lhe deem a oportunidade de se locomover de um ponto a outro sem que seja sempre no colo. O ideal é que ele possa se arrastar e engatinhar dentro e fora da sala, em terrenos irregulares (areia, colchões), em caminhos com alguns obstáculos (pneus, por exemplo), de preferência descalço para que possa sentir a planta dos pés. A partir do momento em que o bebê começa a dar os primeiros passos sozinho, a educadora deve transmitir-lhe segurança e, ao mesmo tempo, permanecer atenta para que ele não se machuque, compreendendo, porém, que nessa fase pequenos tombos são naturais e inevitáveis.

Algumas brincadeiras e exercícios podem ajudar a criança a fortalecer a musculatura e a ter melhor equilíbrio corporal. O indispensável é que os exercícios tenham sempre um caráter lúdico e sejam feitos com descontração, mesmo que o bebê apresente algum déficit motor.

- Deite o bebê no colchonete, de costas. Faça-o segurar seus polegares e levante-o para que erga a cabeça e o peito. No entanto, não permita que a cabeça do bebê se curve para trás. Só execute a atividade quando a musculatura da criança estiver bem firme.

- Coloque o bebê sobre um rolo de espuma, de barriga para baixo, segure-o pelas pernas e empurre-o lentamente para a frente e para trás, num movimento de vaivém. Atraia sua atenção colocando um brinquedo à sua frente.
- Coloque o bebê de bruços no chão, sobre um colchonete grande, e espalhe vários brinquedos atraentes, sonoros e coloridos, estimulando-o a se mover na direção deles.
- Faça o bebê rolar de um lado para o outro, sempre mostrando algum brinquedo que possa interessá-lo.
- Coloque o bebê de bruços no colchonete, sobre uma almofadinha pequena. Deixe que ele se apoie nas mãos ou nos antebraços. Acaricie suas costas para que ele erga a cabeça e o peito.
- Deite o bebê de costas, apoiando os pés dele nas suas pernas, e levante-o suavemente pelos braços.
- Coloque o bebê de bruços sobre um rolo de espuma e empurre-o pelas pernas, para que ele se locomova apoiando-se nas mãos ("carrinho de mão").
- Dê ao bebê a oportunidade de se locomover livremente (arrastando-se, engatinhando ou andando), fora do colo.
- Segure o bebê pelas mãos e ajude-o a ficar em pé e depois agachado ou sentado.
- Segure o bebê pelas mãos e ajude-o a andar.

Comunicando-se

O choro, o riso, o sacudir de braços e pernas, os gritos e os balbucios são algumas das maneiras encontradas pelo bebê para expressar sensações e sentimentos antes de aprender a usar as palavras, mas é o adulto quem atribui significado a todas essas formas de expressão. Em contrapartida, a percepção do bebê para as mensagens não verbais é impressionante, e ele é capaz de perceber, antes mesmo de compreender o significado das palavras, se o adulto está zangado, feliz, triste ou nervoso – seja pelo seu tom de voz, seja pelo olhar, pelo ritmo da respiração ou outro sinal que nos pareça imperceptível. Pouco a pouco, porém, à medida que o adulto conversa com o bebê, as palavras vão adquirindo sentido para ele. Por volta dos 12 meses, suas brincadeiras vocais caracterizam-se pela repetição de sílabas ("mamama", "papapa"), que podem ou não ter algum significado intencional.

Uma vez que o aprendizado da fala, assim como muitos outros, se dá pela imitação de um modelo, o adulto deve falar corretamente com o bebê, dando os nomes verdadeiros dos objetos (exemplo: cachorro, em vez de au-au; passarinho, em vez de piu-piu etc.) e tentando evitar o excesso de diminutivos. Convém evitar, também (por mais engraçadinho que de fato seja), repetir os "erros" que a criança comete quando está aprendendo a falar.

- Converse sempre e muito com o bebê, dizendo o que está sendo (ou será) feito. Aproveite todas as situações do cotidiano.
- "Dialogue" carinhosamente com o bebê, repetindo os sons vocais emitidos por ele, como se vocês estivessem conversando.
- Cante com frequência, preferindo cantigas simples, com frases e sons repetidos, que reproduzam barulhos (de trem, avião, vozes de animais etc.) e que permitam encaixar o nome da criança (cantigas de roda, canções de ninar etc.).

A CRIANÇA ATÉ 4 ANOS

- Repita parlendas (brincadeiras rítmicas, rimadas e sem música), como "Bambalalão", "Serra, serra, serrador" e "Um, dois, feijão com arroz"[4] (veja outros exemplos no Capítulo 5).
- Conte histórias (mais perto dos 12 meses) usando livros, gravuras, objetos, brinquedos, fantoches etc. As gravuras devem ser simples, nítidas e sem muitos elementos. Opte por histórias simples, com frases curtas. Fale pausadamente e use diferentes entonações de voz.

Conhecendo o mundo

Nessa faixa etária, o bebê só consegue se concentrar por períodos muito curtos. São objetos, sons, cores, sabores, texturas, uma infinidade de estímulos, enfim, que lhe despertam interesse.

Em um ambiente adequado, o bebê terá a curiosidade aguçada naturalmente. Os estímulos oferecidos devem ser variados, sem dúvida, mas não convém que estejam expostos ou sejam oferecidos todos ao mesmo tempo, pois o bebê não saberá por onde começar ou o que escolher primeiro. O excesso de estímulos poderá fazer que o bebê perca o interesse ou acabe se confundindo diante de tanta coisa para ver, ouvir, tocar.

Em um ambiente acolhedor, o bebê se sentirá suficientemente seguro para querer explorá-lo, preferencialmente com a boca, sua principal ferramenta. Um ambiente acolhedor é um lugar onde o bebê pode se movimentar com liberdade, sem correr riscos, pois somente por meio do movimento ele será capaz de explo-

---

4. A letra das parlendas e das cantigas infantis varia bastante em todo o Brasil. Portanto, as reproduzidas aqui são fruto da nossa experiência na Creche Garatuja.

rar o espaço e situar-se nele, relacionar-se com o outro, conhecer os objetos e o próprio corpo. Quanto menor a criança, mais tempo ela dedica à realização de movimentos. Um ambiente acolhedor pressupõe, também, a presença de um adulto atento, carinhoso e que seja capaz de se alegrar com as conquistas do bebê.

- Ao colocar o bebê no colo, carregue-o voltado para a frente, sentado na cadeirinha formada pelos seus braços, a fim de ampliar seu campo de visão.
- Movimente chocalhos ou outros brinquedos sonoros e coloridos, para que o bebê ouça e acompanhe com os olhos.
- Pendure móbiles coloridos e/ou sonoros na altura do bebê para que ele os observe e, posteriormente, tente alcançá-los com as mãos.
- Passeie com o bebê ao ar livre, sempre que possível, mostrando-lhe coisas diferentes, cantando e conversando com ele.
- Deixe à disposição do bebê brinquedos e objetos de texturas variadas (lisos, ásperos, rugosos, acetinados, atoalhados etc.), feitos de materiais diferentes (borracha, plástico, madeira, pano, espuma etc.). Lembre-se de que o bebê costuma (e necessita) levar todos os objetos à boca para conhecê-los melhor. Assim, é imprescindível que objetos e brinquedos sejam lavados e desinfetados diariamente. Além disso, é necessário que não machuquem a criança e sejam de tamanho suficiente para que ela não se engasgue nem os engula.
- Cubra o seu rosto (ou o rosto do bebê) com um pano e retire-o em seguida. Permita que o bebê também retire o pano. Essa brincadeira ajuda-o a "descobrir" que, mesmo sem estar visível, a pessoa continua existindo.
- Brinque de esconder objetos e depois "encontre-os". Deixe que o bebê os procure.

A CRIANÇA ATÉ 4 ANOS

- Permita que o bebê brinque com água, especialmente na hora do banho.
- Ofereça papéis variados para o bebê amassar com as mãos. O mais adequado para essa atividade é o celofane: além de fazer barulho quando manuseado, não se desmancha facilmente.
- Quando o bebê estiver andando, amarre objetos diversos na ponta de barbantes para que ele os puxe.

3 A CRIANÇA DE 1 A 2 ANOS – PRÉ-MATERNAL

Um pio, um cisco, um riso, um fio...
O que há do outro lado do muro?

Ninfa Parreiras

Desbravando o mundo

Nessa idade, o mundo, para o bebê, é fundamentalmente um mundo de ação. Ele não para quieto e sua resistência física é capaz de despertar inveja em muitos atletas. Alguma dúvida quanto a isso? Então experimente reproduzir rigorosamente *todos* os movimentos que um bebê é capaz de realizar durante, digamos, dez minutos: ele engatinha, senta, levanta, anda, pega um objeto, examina-o com as mãos, com os olhos e com a boca, bate com ele na parede, se agacha, bate com ele no chão, levanta-se de novo, corre de volta até o adulto e sorri, descobre outro brinquedo e corre para buscá-lo, para de repente e vira a cabeça na direção de um ruído diferente...

Seu corpo é a encarnação concreta de seus estados emocionais e, quase sempre, é por meio da movimentação corporal que a criança se faz entender. Quando está feliz, o bebê ri por inteiro: bate palmas, sorri e balança o corpo. O mesmo acontece quando se zanga ou se sente frustrado.

É pela motricidade que a inteligência se constrói e se materializa, pois a criança descobre as potencialidades de seu corpo, estabelece relações entre este e os objetos, entre os próprios objetos, afirma suas percepções e elabora imagens e representações.

No âmbito da linguagem, o choro ainda é uma forma frequente de comunicação, mas ao longo desse ano a criança começará a utilizar o chamado *jargão expressivo*, em que um amontoado de sílabas desconexas – pelo menos do ponto de vista dos adultos – imita o ritmo da fala. Nesse mesmo período, as crianças começam a compreender algumas ordens e parecem estar permanentemente antenadas com tudo que é dito ao seu redor, mesmo quando se supõe que estejam totalmente distraídas em suas atividades.

Interagindo com adultos

Por volta do primeiro aniversário, pouco antes ou pouco depois, o bebê aprende a andar e começa a descobrir a enorme quantidade de coisas interessantes que o mundo tem a lhe oferecer. A aquisição da marcha é o seu primeiro grito de independência, pois lhe permite tomar a iniciativa de afastar-se da mãe sempre que tiver vontade, acrescentando uma nova dimensão às suas idas e vindas.

O adulto continua sendo sua referência mais importante, sua principal fonte de segurança e afeto, mas só será alvo da sua atenção se puder ajudá-lo a resolver seus assuntos. O simples atendimento dos desconfortos fisiológicos (fome, sono, frio) não é mais suficiente para satisfazer suas necessidades psicológicas, cada vez mais evidentes. O adulto, agora, passa a ser um parceiro que ajuda a criança a superar as dificuldades, a consolar suas frustrações e a incentivá-la a enfrentar desafios.

Enquanto a criança tiver liberdade para se expressar e exercer suas atividades, as outras pessoas não serão tão importantes em suas brincadeiras. Na creche, depois de estabelecer o vínculo de confiança com a educadora, é bem possível que, no decorrer das atividades, não dê muita bola para ela, embora a procure com frequência para lhe mostrar alguma coisa ou pedir ajuda. A certeza da atenção e do cuidado do adulto encorajará a criança a ser independente.

Quando o ingresso na creche se dá nessa faixa etária, tudo fica mais fácil se a educadora se coloca no mesmo nível da criança, por exemplo, sentando-se no chão para comandar as atividades. A criança, então, sente-se mais próxima e o vínculo entre as duas se estreita mais rapidamente.

Conforme o tempo passa, a relação que essa criança construiu com o adulto, com outras crianças e com o ambiente certamente contribuirá para a construção de uma autonomia maior. Ou seja, para que a criança enfrente situações que antes lhe causavam insegurança e para que tome decisões e iniciativas, podendo expressar sem medo aquilo que ela é e o que ela pensa. (Silva e Costa, 1998, p. 42)

Interagindo com crianças

Na verdade, o bebê que tem entre 1 e 2 anos está muito mais interessado em si mesmo e em suas conquistas do que nas pessoas, incluindo-se nessa categoria outras crianças. De modo geral, as crianças ignoram-se umas às outras e não percebem com clareza a existência do outro, nem distinguem muito bem o que se passa dentro dela ou fora dela. Por isso, o "choro solidário" é típico dessa faixa etária: quando uma criança da turma começa a chorar, as demais a acompanham, mesmo sem saber exatamente por quê. Algumas vezes, porém, os colegas podem ser considerados brinquedos/objetos curiosíssimos, pois também se movem, fazem barulhos e reagem de maneira veemente quando explorados com a boca... e os dentes.

Atenção educadores e pais: pode ser inaugurada uma temporada de mordidas.

Vimos, anteriormente, que a boca é, por excelência, o órgão que permite ao bebê entrar em contato direto com o mundo. Os bebês levam objetos à boca e os mordem – principalmente quando os dentes começam a nascer – para explorá-los, sentir seu sabor e sua textura. Ora, como as outras crianças são vistas como brinquedos especiais, descobrir que elas reagem a mordidas, e que os adultos que presenciam a cena também se mobilizam, pode se transformar numa experiência particularmente divertida, convidando a repetições. Nem todas as crianças, porém, sentem tanto fascínio pela experiência de morder. *Felizmente*, pensam as educadoras. É importante que estas compreendam as mordidas como uma característica de determinada fase do desenvolvimento infantil, para que não atribuam rótulos (feia, malvada, ciumenta) às crianças que mordem com frequência.

Compreender, porém, não é o mesmo que aceitar. A educadora deve intervir sempre, de preferência antes que a mordida aconteça, tendo o cuidado de não discriminar ou isolar do grupo a criança que morde. Acontecido o incidente, a educadora deve atender, em primeiro lugar, a criança que levou a mordida, e somente depois chamar a atenção daquela que mordeu, explicando, em poucas palavras, por que aquele comportamento é inadequado. O limite deve ser colocado sempre que necessário, tendo-se o cuidado de não expor ou humilhar a criança. A educadora deve deixar bastante claro que o seu desagrado restringe-se apenas àquela atitude e não à criança.

Atividades e objetivos

Nessa faixa etária, as atividades oferecidas às crianças devem permitir que elas se locomovam com liberdade e segurança, para que possam adquirir maior controle da marcha e dos movimentos corporais como um todo, tornando-se cada vez mais independentes. É por meio dessa movimentação que ela fará sua exploração do mundo. Os espaços precisam ser amplos e sem obstáculos para que a criança não se machuque. Ao mesmo tempo, deve haver, ao seu alcance, objetos e brinquedos de tamanhos, cores, formas e texturas diversos, em número suficiente para evitar conflitos, uma vez que as crianças ainda não conseguem compartilhar brinquedos ou brincadeiras.

Exercitando a independência

As atividades do dia a dia continuam sendo fundamentais para o desenvolvimento da independência e da autoestima. Quando a criança é orientada a criar hábitos de higiene, como lavar as mãos antes das refeições e após o uso do banheiro, ela aprende a valorizar o seu corpo ao perceber que ele merece cuidados especiais. Assim, gradativamente a criança vai se tornando mais independente do adulto e, dessa forma, sentindo-se mais segura e confiante. Quando ela é orientada a cuidar dos seus pertences e a manter o ambiente organizado, aprende a se orientar no espaço e a aproveitar esse espaço de uma forma produtiva. Vejamos abaixo algumas dicas úteis.

1. Alimentação

* Incentive, desde cedo, a criança a comer de forma tranquila, pausadamente, mastigando bem os alimentos.
* Incentive-a a comer sozinha, tanto no almoço como no lanche.
* Ensine-a a descascar bananas.
* Ensine a criança a usar canudo antes de iniciar o treinamento do uso do copo. Uma boa dica é usar um canudo bem curtinho em um copo pequeno, pois assim a criança tem contato com o líquido rapidamente e aprende com facilidade.
* Incentive-a segurar o copo sozinha, sem derramar.
* Aos poucos, incentive a criança a ajudar a limpar a mesa e a colocar as cascas e restos de lanche na lixeira adequada.

2. Vestuário

* Converse com a criança, incentivando-a a colaborar na troca de roupa: enfiar o pé, o braço, segurar a manga etc.
* Incentive-a a tirar o short, os sapatos etc.
* Ensine-a a abrir e fechar zíper (próximo dos 2 anos).
* Quando a criança tirar os sapatos, oriente-a a deixá-los arrumados num cantinho da sala reservado para isso.

3. Hábitos de higiene

* Lave as mãos e o rosto da criança antes e após as refeições.
* Ensine e incentive a criança a escovar os dentes após todas as refeições.

- Verifique se a criança já controla xixi ou cocô. Em caso positivo, leve-a periodicamente ao banheiro. Não inicie o treinamento de controle de esfíncteres logo que a criança ingressar na creche. Um passo de cada vez.
- Converse com os pais sobre o controle de fezes e urina em casa. Se a criança já demonstra maturidade (o que costuma acontecer por volta de 2 anos), inicie o treinamento de controle de esfíncteres, sempre adotando a mesma estratégia em casa e na escola.

A QUESTÃO DAS FRALDAS

Por volta dos 2 anos, pode-se iniciar o treinamento do controle dos esfíncteres. É importante que esse processo ocorra de forma tranquila para a criança e sua família, senão ela poderá sofrer com isso e apresentar outros tipos de problema no decorrer do tempo.

Esse treinamento pode durar semanas ou até meses. O controle noturno poderá acontecer até um ano depois de iniciado o controle diurno.

Ao iniciar o treinamento, a criança precisa estar apta a:

- ✓ perceber sua necessidade de fazer xixi e cocô e saber comunicá-la ao adulto;
- ✓ conseguir adiar essa necessidade, mesmo que por poucos instantes;
- ✓ controlar a musculatura do intestino e da bexiga;
- ✓ entender o que o adulto quer ao conduzi-la ao banheiro e oferecer-lhe o vaso sanitário;
- ✓ manter-se sentada no vaso ou no penico sem a ajuda do adulto.

Em geral, a criança adquire essas capacidades por volta dos 2 anos de idade, pouco mais ou pouco menos, uma vez que cada uma tem o seu ritmo próprio de amadurecimento.

---

4. Cuidados com os brinquedos e arrumação da sala

- Incentive, desde o início, o uso do brinquedo sem destruição.
- Junto com as crianças, organize a sala antes de mudarem de ambiente. Uma música específica sobre isso é indicada.
- Peça a ajuda das crianças para juntar os brinquedos e/ou peças depois de usados.

Conhecimento do mundo: explorar é preciso!

1. O corpo em movimento

Ao realizar atividades que lhe deem oportunidade de usar, sentir, conhecer e explorar os movimentos e sensações de seu corpo, a criança conquistará, gradativamente, domínio dos movimentos dos grandes músculos. Por isso, a educadora deve propor atividades, em forma de jogos e brincadeiras, que permitam à criança exercitar movimentos compatíveis com a faixa etária:

- Andar, engatinhar, pular, correr: livremente; em terreno irregular (areia, colchões, construções com colchões sobre pneus); descalça, para sentir a planta dos pés; carregando objetos leves; jogando objetos e indo apanhá-los (avião de papel, bola etc.); empurrando cadeiras; fazendo "trenzinho"; puxando caixas, brinquedos leves etc. amarrados

em cordão; depressa/devagar; batendo ou arrastando os pés; batendo palmas; imitando animais; imitando meios de transportes (carro, moto, avião etc.); sob e sobre as construções (cadeiras, mesas, colchões, pneus, barbantes etc.).
- Escalar brinquedos e construções no pátio e na sala (com ajuda).
- Dançar variando as músicas e a movimentação.
- Participar de atividades de relaxamento.
- Rolar sobre colchões.
- Brincar com bola.
- Participar de jogos de rapidez (movimentos amplos de forma rápida): levantar/sentar; deitar/sentar.
- Brincar com pneus (empilhados, como túnel etc.).
- Subir e descer escadas engatinhando.
- Atravessar túneis de pano.
- Tentar alcançar móbiles e outros objetos pendurados no alto.
- Explorar os objetos de várias maneiras, e não apenas para as suas funções específicas, desde que ela não se machuque, não machuque os colegas nem danifique o objeto que está sendo explorado. Exemplo: um balde de plástico serve para ser enchido com água ou areia, mas pode-se permitir que a criança o explore olhando o que há dentro dele ou coloque-o na cabeça para transformá-lo em chapéu.

2. Percepção corporal

É o conhecimento que a criança tem do próprio corpo e a possibilidade de usá-lo que a capacitam a relacionar-se com o mundo exterior. O domínio da percepção corporal possibilitará o desenvolvimento da coordenação motora e da orientação espacial. Ao reconhecer a imagem de seu corpo, a criança aprende a reconhecer suas características físicas, o que é fundamental para o processo de construção de sua identidade. Vejamos algumas atividades que a educadora pode propor:

- Identificação das partes do corpo – em si e nos colegas.
- Uso de espelhos (a professora pode pintar o rosto das crianças).
- Explorar movimentos e caretas diante do espelho (sozinho e/ou junto com colegas).
- Contorno do corpo inteiro, dos pés e mãos.
- Carimbo da mão e dos pés.
- Observar as partes do corpo em bonecos grandes e pequenos.
- Brincar livremente com fantasias, jogos de maquiagem, roupas velhas de adultos, adereços, sapatos etc.
- Brincar de "seu mestre mandou" – imitação de movimentos, lenta ou rapidamente, como os sugeridos abaixo:

CABEÇA	*Balançar para os lados, para a frente, para trás, abaixar, levantar.*
OLHOS	*Abrir e fechar.*
BOCA	*Abrir, fechar e colocar a língua para fora.*
FAZER BARULHOS COM OS LÁBIOS	*Soprar, beijar e imitar sons diversos.*
BRAÇOS	*Esticar, dobrar, cruzar, abrir (imitando avião), levantar (como se estivesse pegando alguma coisa no alto), abaixar etc.*
MÃOS	*Abrir e fechar; bater palmas depressa e devagar.*
PERNAS	*Imitar subir uma escada ou pedalar uma bicicleta.*
PÉS	*Arrastar e pular.*

3. Jogos com ritmos e sons

Nessa idade, as crianças são absolutamente fascinadas por todo tipo de som. Vejamos algumas atividades que utilizam a música e os ritmos:

- Imitar vozes de animais e outros ruídos da natureza (vento, mar, trovão etc.).
- Cantar e dançar imitando os gestos da professora.
- Cantar e dançar criando livremente gestos para as músicas, variando os ritmos. É interessante usar CDs de música instrumental (MPB, frevo, valsa, maxixe, jazz, rumba, rock, ópera, sinfonia etc.)
- Imitar sons feitos pela professora, partindo de histórias, cantigas ou imitação de ruídos externos.
- Cantar músicas bem conhecidas e pedir que as crianças acompanhem com o som corporal que quiserem (batendo palmas, com as mãos na mesa etc.). A professora deve mostrar como se faz quando propuser a brincadeira pela primeira vez.
- Dar continuidade às brincadeiras com parlendas (veja mais exemplos no Capítulo 4):

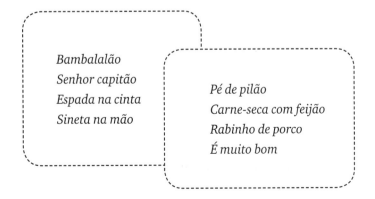

Bambalalão
Senhor capitão
Espada na cinta
Sineta na mão

Pé de pilão
Carne-seca com feijão
Rabinho de porco
É muito bom

> *Vem, vento caxinguelê*
> *Cachorro-do-mato*
> *Vai me morder*

> *Serra, serra, serrador*
> *Quantas tábuas já serrou?*
> *Eu serrei 24*

4. Coordenação visomotora

É a capacidade de coordenar o campo visual com a motricidade de partes do corpo. A consciência e o domínio do corpo e de suas partes são a base para o domínio da coordenação visomotora. As atividades sugeridas a seguir têm por objetivo: levar a criança a desenvolver a coordenação de modo a adquirir maior habilidade manual e independência; e criar oportunidades para que ela exercite movimentos de: pinça, pressão, torção e rasgamento.

- Bater palmas à vontade, variando a intensidade: devagar, depressa, levemente, com força etc.
- Passar a mão sobre objetos variados para sentir sua forma e textura.
- Amassar e desamassar papéis diversos.
- Fazer bolinhas de papel.
- Rasgar papéis.
- Brincar com areia: encher baldes com pá, com as mãos, cavar buracos, fazer bolos etc.
- Fazer construções diversas com blocos grandes.
- Encher e esvaziar recipientes (cestas, baldes, caixinhas) com areia, água, bolas de papel e objetos.

- Folhear revistas e livros.
- Manusear massinha e argila.
- Usar tinta guache grossa com as mãos (pintura a dedo) e com pincel.
- Desenhar livremente (com lápis de cera e/ou caneta grossa) em papéis grandes, de texturas e formatos variados (quadrado, círculo, retângulo, triângulo).

Comunicando-se

Entre o primeiro e o segundo aniversário, a criança parece armazenar a estrutura da língua, o ritmo da fala e algum vocabulário. Aos 18 meses, poderá formar frases de apenas uma palavra ("da" = "papai saiu" ou "quero chupeta"). Quando faz uso do jargão expressivo, não tem a intenção de comunicar informações e nem se sente frustrada se não é compreendida. Aos 2 anos, já poderá ser capaz de formar frases juntando duas ou três palavras.

Nessa fase, é importante que a professora converse muito com as crianças, ajudando-as a se expressar, apresentando-lhes diversas formas de comunicar o que desejam, sentem, necessitam etc. Nessas interações, deve falar de forma clara e correta, sem infantilizações e sem imitar a fala da criança. A educadora deve se mostrar atenta e interessada, auxiliando na construção conjunta das falas das crianças para torná-las mais completas e complexas. É fundamental, também, prestar atenção à acuidade auditiva dos alunos e comunicar aos pais caso note qualquer disfunção. Vejamos atividades indicadas para desenvolver a comunicação:

- Conversas informais aproveitando todas as oportunidades, explicando sempre às crianças o que será feito. Exemplos: as crianças estão na areia e a educadora avisa que vão para a sala, escutar uma história; na hora do lanche, comenta o que trouxeram de casa: "Que leite gostoso!", "Quem quer um pedaço de maçã?"; chama a atenção das crianças para as formigas, os pássaros; faz perguntas para estimular a participação das crianças ("Vamos fazer uma roda?", "Vamos fazer uma construção com pneus?) e assim por diante.

- Dizer sempre o nome dos colegas, da auxiliar, de outros adultos que vêm à sala de aula.
- Comentar quando houver uma atividade diferente (aula de música, aniversários etc.).
- Nomear brinquedos e outros materiais utilizados (caneta, papel, pincel etc.).
- Comentar situações como: "Vi você ontem com o papai e a mamãe", "Quem deu esse sapato para você?", "Você viajou para a casa da vovó com quem?" etc.
- Utilizar sacos com brinquedos e/ou objetos variados (saco de surpresas). Os brinquedos e objetos devem ser grandes, interessantes e coloridos. A educadora faz um suspense com o saco-surpresa: "O que será que tem aqui? Vamos ver? Agora eu vou tirar para ver o que é". É recomendável também fazer as crianças tirarem e nomearem os objetos, manuseando-os e trocando-os entre si. No final da brincadeira, pedir a elas que recoloquem os objetos dentro do saco, dizendo o nome de cada um.
- Depois de contar uma história, formular perguntas simples com base nas ilustrações: "Onde está o gatinho?", "O que o menino está fazendo?", "O que você gosta de fazer?", "Como é o nome do menino?", "E o seu nome?" etc.
- Permitir que as crianças manuseiem livros, revistas, gravuras e outros materiais impressos, orientando-as a ter cuida-

do para não amassar ou rasgar (sem fazer desse cuidado o principal objetivo da atividade).

- Em grupo, solicitar que as crianças identifiquem a gravura que está com a professora.
- Mostrar gravuras de animais e pedir às crianças que imitem sua voz e/ou seus movimentos.

As histórias são fundamentais para o desenvolvimento da linguagem e da imaginação. Sugerimos que a professora conte histórias curtas, utilizando movimentos corporais, imitando vozes de bichos e utilizando os seguintes recursos:

- ✓ Livros
- ✓ Histórias de cartão
- ✓ Fantasias
- ✓ Panos
- ✓ Fantoches
- ✓ Discos
- ✓ Vídeos/DVDs
- ✓ Adereços
- ✓ Histórias sem livro
- ✓ Gravuras
- ✓ Histórias desenhadas enquanto se conta
- ✓ Saco de surpresas
- ✓ Teatro de sombras/varas
- ✓ Blocos de construção

 # A CRIANÇA DE 2 a 3 ANOS – MATERNAL

*Tenho tanto sentimento
Que é frequente persuadir-me
De que sou sentimental
Fernando Pessoa*

Eu no mundo

A faixa etária que vai dos 2 aos 3 anos é fascinante. E trabalhosa. A criança começa, definitivamente, a deixar de ser bebê à medida que adquire novas competências e aprimora suas habilidades. Ao longo desse ano, passará a andar com mais firmeza e equilíbrio. Terá mais agilidade ao correr, ao escalar móveis e brinquedos e ao saltar de alturas às vezes não tão pequenas. Entre os 2 e os 3 anos, sua atividade motora ainda é bastante intensa e bem desproporcional à sua noção de perigo – embora algumas crianças sejam cautelosas por natureza –, o que exigirá do adulto atenção permanente.

Uma das características mais marcantes do comportamento das crianças dessa faixa etária é o autoritarismo, particularmente nos ambientes onde se sentem bastante à vontade. Em casa, por exemplo. A partir dos 2 anos, a criança começa a se perceber, cada dia mais, como um sujeito diferenciado dos outros e a distinguir o que se passa dentro e fora dela. Ao longo desse período, deixará de se referir a si mesma na terceira pessoa ("nenê caiu"), passará a utilizar o pronome "eu", e a exclamação "é meu!" será uma de suas preferidas.

Consciente das próprias habilidades, ela quer fazer tudo sozinha, sem ajuda dos adultos. Até esse momento, "não" foi uma das palavras que mais ouviu. Agora é a sua vez de usá-la. E de dar ordens. O "não" é dito para reafirmar a sua autonomia. Mais tarde, percebe que essa palavra provoca reações diversas nos adultos e parece se divertir repetindo-a para ver o que acontece. Vale lembrar, porém, que, assim como a alegria é compreendida em função da tristeza, o "sim" também precisa do "não" para ser valorizado.

Nessa fase, os pais costumam dizer que seus filhos têm muita personalidade, ainda mais quando eles, pais, precisam lidar com as birras e os acessos de fúria dentro do supermercado ou no restaurante. Sim, porque as crianças de 2 anos reagem com grande veemência motora ao ser contrariadas. Tais contrariedades podem ser causadas pelos limites colocados pelos adultos ou quando os pequenos se percebem incapazes de executar uma tarefa, devido à defasagem existente entre a vontade e a competência. Vestir uma camiseta, por exemplo.

Já deu para perceber que a palavra-chave dessa faixa etária é autonomia. Entre os 2 e os 3 anos, além das conquistas mencionadas, a criança passa a ter o controle dos esfíncteres. Por volta dos 24 meses, pouco antes ou pouco depois, é comum que comece a manifestar desagrado por estar com a fralda suja ou molhada. Em uma etapa posterior, comunica que está evacuando ou urinando. Esses são indicativos de que é chegado o momento de pensar em tirar sua fralda durante o dia. No início do treinamento, o adulto deve se lembrar de levar a criança ao banheiro com alguma frequência. Se ela tiver o hábito de evacuar em horários mais ou menos regulares, também poderá ser colocada no vaso sanitário ou no penico (onde se sentir melhor) nesses horários.

O treinamento do controle dos esfíncteres deve ser encarado com naturalidade, embora possa ser trabalhoso. Principalmente para os adultos que, certamente, terão de secar o chão ou lavar o forro do sofá mais vezes do que desejariam. O importante é não se irritar com a criança, nem fazer uma verdadeira festa quando ela urina ou evacua no lugar adequado, como se tivesse realizado um grande feito. Afinal de contas, urinar e evacuar são necessidades fisiológicas tão naturais quanto respirar. E ninguém vive dando parabéns às crianças pelo fato de estarem respirando...

A autonomia da criança também se manifesta na hora das refeições. Algumas fazem questão de comer sozinhas, recusando qualquer ajuda do adulto. O resultado, muitas vezes, é uma grande sujeira. Mas é importante compreender que se trata de sujeira em nome de uma boa causa: o crescimento. Outra forma de demonstrar e exercitar as novas competências é a recusa a determinados alimentos que, até então, comia com grande prazer. Só que, agora, seu paladar está mais apurado e a criança já é capaz de distinguir melhor os sabores, o que a torna mais seletiva. Além disso, seu ritmo de crescimento desacelerou em relação aos anos anteriores e, consequentemente, o seu apetite também pode diminuir.

Em função de todas as competências e habilidades que a criança desenvolve e aprimora entre os 24 e os 36 meses, é natural que seu comportamento e seu humor oscilem entre extremos, uma vez que ela está experimentando novas maneiras de se relacionar com o mundo, para descobrir as que mais lhe convêm.

Dependendo da reação dos adultos diante de tanta efervescência infantil, a criança aprenderá (ou não) a confiar em si mesma e poderá (ou não) desenvolver a autoestima.

O processo de construção da autoconfiança envolve avanços e retrocessos. As crianças podem fazer birra diante de frustrações e demonstrar sentimentos como vergonha e medo, necessitando de apoio e compreensão dos pais e dos educadores. O adulto deve ter uma atitude adequada, apoiando-as e controlando-as de forma flexível, porém segura.

Interagindo com adultos

O ingresso de uma criança de 2 anos à escola é uma tarefa que vai demandar, de todos os adultos envolvidos, uma boa dose de paciência e compreensão. Isso porque, estando muito ligada à mãe, "a criança de 2 anos, com a consciência cada vez maior que tem das outras pessoas, atravessa um período de timidez em relação aos estranhos, especialmente aos adultos" (Gesell, 1989, p. 161-2).

Assim, a atitude da educadora que vai lidar com essa criança na escola será de extrema importância no processo de familiarizá-la no novo ambiente. Quando tinha 1 ano, a criança estava mais interessada nas coisas que podia fazer do que nas pessoas propriamente. Aos 2 anos, esse comportamento se modifica e o adulto passa a ter um papel de maior destaque.

Receber as crianças em lugares abertos, de preferência ao ar livre, é uma boa medida, mas não é suficiente. A educadora vai precisar estabelecer com a criança uma relação com características maternais quanto aos cuidados de rotina: trocar de roupa, levar ao banheiro, dar colo, ajudar na hora da alimentação, oferecer chupeta quando necessário etc. Vale lembrar que a educadora não deve tentar modificar nenhum desses hábitos, sempre muito associados ao lar, logo que a criança ingressa na creche.

A criança também demandará da educadora atenção permanente. Além de não ter muita noção de perigo, vai solicitar sua participação nas brincadeiras de faz de conta (oferecendo-lhe um pedaço de bolo imaginário), vai pedir sua ajuda sem necessariamente lhe dirigir a palavra, apenas puxando-a pela roupa, vai querer que ela observe todas as proezas que já é capaz de executar e vai, com certeza, se queixar de outras crianças.

Em uma etapa do desenvolvimento em que uma das conquistas mais marcantes é a construção da identidade, a educadora deve ter o cuidado de chamar cada um de seus alunos pelo nome, que é o primeiro signo de identificação, evitando apelidos ou diminutivos[5]. Mais tarde, quando ela começar a reconhecer a escrita do próprio nome, vai ser complicado fazê-la compreender que, onde está escrito Maria Eduarda, não se lê "Duda". Da mesma forma, a educadora, deve ter identidade própria e não aceitar ser chamada por um nome genérico, como "tia". Afinal de contas, tia é a irmã do pai ou da mãe da criança e esta não merece que as relações familiares, recém-inauguradas, já comecem de maneira confusa.

Com uma turma de crianças de 2 anos, a educadora precisará estar sempre atenta para resolver as frequentes disputas, pois uma das formas de afirmação da autonomia é conseguir a posse de algum objeto. Segundo Carvalho, Gomes e Brunello (1998, p. 60), "ao confundir o *meu* com o *eu*, a criança busca, com a posse do objeto, assegurar a posse de sua personalidade. Por isso [...] o desejo de propriedade conta mais do que o próprio objeto: uma criança é capaz de abandonar um brinquedo tão logo o obtenha na disputa com um colega".

---

5. Na verdade, essa deve ser uma preocupação constante de todos os adultos, durante os anos de permanência da criança na creche.

Na maioria das vezes, essas disputas podem ser resolvidas pela educadora quando esta oferece outro brinquedo a uma das crianças. Para que isso possa acontecer, é preciso que a sala de recreação disponha de brinquedos em número suficiente para todas as crianças.

O negativismo, a insistência, a teimosia, as hesitações, as explosões emocionais e as mudanças de humor, comportamentos característicos dessa faixa etária, vão demandar de todos os adultos comprometidos com a educação de crianças – sejam pais ou professores – uma grande dose de compreensão e firmeza. Para crescer com segurança, a criança precisa saber em quem confiar, quem poderá lhe ajudar quando estiver em apuros. Ela necessita que os adultos lhe ofereçam limites, a fim de que não se sinta perdida em sua vasta onipotência. Esses limites devem ser apresentados de maneira firme, objetiva e, acima de tudo, afetuosa. Quanto menos os limites estiverem claros e definidos, maior será a necessidade da criança de experimentar o seu poder, até que consiga aprender até onde ela pode ir. Às vezes, é necessário que o adulto seja rigoroso, desde que não se confunda rigor com raiva. Não faz o menor sentido um adulto sentir raiva de uma criança de 2 anos quando ela se solta e sai correndo no meio da rua. Mas faz todo sentido ele ser rigoroso nessa hora. Todo educador deve deixar bem claro que sua zanga se refere a alguma coisa que a criança *tenha feito*, mas nunca ao que a criança *é*.

Não estamos propondo que se instaure uma disciplina rígida, cheia de normas e proibições. Quando a educadora chama a atenção, estabelecendo um limite, ela precisa ter em mente que o seu objetivo é fazer que a criança perceba, em longo prazo, de que maneira esse ou aquele comportamento pode vir a ser prejudicial para ela mesma e que internalize alguns valores indispensáveis a uma convivência social harmoniosa: a consciência dos sentimentos dos outros e o respeito a eles.

Toda criança tem o direito de saber por que esse ou aquele limite está sendo colocado. No entanto, o adulto deve compreender que o vocabulário da criança é limitado, assim como as estruturas linguísticas que já domina. Por isso, muitas vezes se faz necessário unir palavra e gesto. A educadora pode dizer "Eu já expliquei que você não pode ficar com todos os brinquedos da sala" enquanto entrega alguns brinquedos aos outros colegas. Quando os adultos falam demais e se alongam nas explicações, a criança perde o fio da meada e, pouco a pouco, pode se habituar a não prestar atenção ao que eles dizem.

Mesmo que a educadora estabeleça os limites com clareza e afetividade, não se pode esperar que crianças dessa idade os acatem sem opor resistência. É nessas horas que, muitas vezes, ocorrem os acessos de birra, geralmente mais escandalosos e frequentes em casa do que na escola. Nessas ocasiões, em vez de insistir com a criança para que pare de chorar, o adulto deve explicar que vai esperar ela se acalmar para retomar a conversa. Se necessário, dependendo do lugar onde a "cena" esteja se desenrolando, o adulto poderá pegar a criança no colo, com tranquilidade e firmeza, para evitar que ela se machuque ou para ajudá-la a se acalmar.

Também de nada adianta perguntar à criança por que ela fez isso ou aquilo, pois ela não será capaz de responder. Quando a criança já fala, pode ser até que diga a primeira coisa que lhe passar pela cabeça, mas isso não deve ser entendido como uma explicação fidedigna. Da mesma forma, é importante compreender que as promessas da criança não serão duradouras ("eu não vou fazer mais") porque, passados cinco ou dez minutos, ela não se lembrará mais do que prometeu. Nem do que fez. Aos 2 anos, a criança ainda não é capaz de tomar decisões e cumpri-las. (A bem da verdade, se pararmos para pensar, quantos adultos cumprem de fato aquilo que prometem e apregoam?) Por isso, também, de nada adianta repreender a criança "mais tarde" ou "quando chegarmos em casa". Mais tarde ou quando a criança chegar em casa, ela não se lembrará do que fez para merecer aquela zanga, mas certamente gravará na memória o terror daquela ameaça que paira sobre sua cabeça: os sentimentos ficam gravados; as palavras, nem tanto.

Interagindo com crianças

Nessa faixa etária ainda prevalecem as brincadeiras paralelas. Isto é, as crianças ficam lado a lado, mas cada uma cria sua brincadeira, sem interação aparente. Na maioria das vezes, as aproximações entre as crianças se dão pela disputa por brinquedos ou objetos, como vimos anteriormente, o que gera muitas desavenças e exige da educadora uma vigilância permanente. Aos 2 anos, as crianças não conseguem partilhar brinquedos e nem a atenção das pessoas. Assim, a educadora também se transforma num objeto de disputa entre elas.

As brincadeiras ainda são muito marcadas por uma atividade motora intensa (correr, pular, puxar, empurrar etc.), nas quais a criança usa e abusa das competências recém-adquiridas. Por esse motivo, às vezes as brincadeiras se tornam espontaneamente agressivas, quando as crianças esbarram umas nas outras, se empurram e... ainda se mordem. Em contrapartida, também podem ocorrer abordagens afetuosas, esporádicas ou intensas, dependendo do temperamento da criança, com trocas de abraços e beijos. Que, às vezes, podem se transformar em empurrões e... mordidas. Raramente, porém, as crianças conseguem resolver esses conflitos sozinhas e solicitam a interferência da educadora, ora chorando, ora se queixando do colega.

A primeira forma de uma espécie de interação cooperativa entre as crianças é quando elas começam a prestar atenção nas brincadeiras umas das outras. Depois (ou simultaneamente), ocorrem as brincadeiras paralelas. A cooperação efetiva, nessa faixa etária, se dá em um nível bastante elementar: uma criança corre atrás da outra e ambas riem, ou uma criança começa a gritar na sala e as demais a imitam.

Atividades e objetivos

Como já foi dito, a relação da criança entre 2 e 3 anos com o mundo ainda é mais motora do que verbal. Por meio dos brinquedos e das brincadeiras, ela constrói seu aprendizado sobre o mundo, sobre as pessoas e, consequentemente, sobre seus sentimentos. A partir dos 2 anos, a criança dá início às brincadeiras de faz de conta, que configuram outra forma de perceber e compreender o mundo. Ela mexe, manuseia, agarra e imita o que os adultos fazem: ora ela é a professora contando uma história, ora é a mãe falando ao telefone, ora é o pai saindo para o trabalho. É representando o outro que a criança experimenta ser o outro. E esse outro, diga-se de passagem, quase sempre se apropria do autoritarismo típico da criança de 2 anos. Vendo-a brincar, é comum mães e educadoras se perguntarem: "Será que sou tão rígida assim?"

A rotina da escola deve ser organizada para permitir que as crianças tenham momentos em que possam brincar livremente, tanto em sala quanto ao ar livre, para poderem dar vazão à sua necessidade do faz de conta.

As atividades em grupo só ocorrem quando dirigidas pela educadora, e duram pouco tempo. As crianças já são capazes de ouvir uma história curta (desde que contada com vivacidade e movimento), de manusear massinha ou argila (algumas podem sentir nojo) e de fazer um desenho. Porém, para que os alunos tenham vontade de participar, é importante que a professora proponha todas as atividades de forma lúdica, algumas vezes contextualizando-as em histórias ou dramatizações, outras vezes animando-as com cantigas. Se a educadora não sentir prazer na atividade, dificilmente os alunos sentirão.

Entre os 2 e os 3 anos, é notável o florescimento da linguagem da criança: seu universo vocabular torna-se bem mais rico, ela aprende a formar frases mais complexas e passa a usar o pronome "eu". Depois de uma fase imitando a fala dos adultos, ela internaliza, gradativamente, a estrutura da língua. Um dos estágios da mudança da imitação para a produção própria pode ser percebido quando a criança começa a conjugar os verbos irregulares como se fossem regulares ("eu fazi", "ele iu"). Antes, quando usava os tempos verbais de maneira "correta", estava apenas imitando a fala do adulto. O "erro", neste caso, representa um passo adiante no domínio da estrutura da língua.

As atividades de linguagem preferidas das crianças dessa faixa etária são as que enfatizam ritmo e repetição de palavras. Por isso, elas apreciam cantigas de roda, parlendas, poemas breves e histórias rimadas, com frases repetidas.

Embora o seu tempo de concentração para atividades mais calmas seja curto, é interessante que a educadora crie o hábito de sentar-se no chão com as crianças, formando um círculo, para que todos conversem. Esse é sempre um bom momento para a educadora falar com e para cada um de seus alunos, chamando a atenção para as diferenças (cor de cabelo e de olhos, cabelo curto ou comprido, com meia ou sem meia etc.) e semelhanças (todos têm olhos e nariz, gostam de rir, precisam de atenção etc.). Dessa maneira a criança vai tomando consciência de sua individualidade e, ao mesmo tempo, percebendo que as necessidades dos outros são semelhantes às suas. A rodinha de conversação também permite que a educadora estimule nas crianças o hábito de dizer o que pensam, de expressar suas opiniões, de ouvir o que os colegas têm a dizer e de esperar sua vez de falar. Além do mais, é uma atividade que propicia o enriquecimento do vocabulário e a união do grupo.

A *voz da autonomia*

1. Alimentação

Vejamos a seguir algumas dicas para incentivar a autonomia da criança durante as refeições.

- Ensine-a a abrir sua lancheira, retirar o lanche e, depois, guardar o material e pendurar a lancheira.
- Estimule-a a comer sentada até o término da refeição. Também explique como ter cuidado para não derramar o suco e a merenda.
- Incentive-a a comer de tudo, conversando com ela sobre a importância dos alimentos (para crescer, ficar forte, não adoecer etc.).
- Ofereça sempre as frutas em primeiro lugar.
- Peça a ela que ajude a organizar a sala após o lanche.

2. Vestuário

Embora a troca de roupas às vezes possa ser um suplício, pois a criança muitas vezes não colabora, é importante fazer desse momento algo especial. Por isso:

- Continue incentivando a colaboração na troca de roupa.
- Continue estimulando a criança a tirar a calcinha, cueca, short, sapato, sandália e meia.
- Ensine-a a recolocar as peças, começando pelo calçado, por ser mais fácil.
- Continue incentivando-a a abrir e fechar zíper.
- Ensine também a desafivelar e a desamarrar.
- Quando a criança tirar os sapatos ou uma peça de roupa, ensine-a a deixá-los arrumados num local predeterminado.

3. Higiene e controle dos esfíncteres

- Ajude a criança a lavar as mãos antes das refeições e depois de ir ao banheiro, mostrando como se faz.
- Depois de algum tempo, incentive-a a lavar as mãos sozinha, ensinando a importância da higiene.
- Ensine-a a lavar o rosto.
- Limpe o nariz quando necessário e ensine a criança a fazê-lo.
- Verifique – pela entrevista e/ou observação – se a criança já controla fezes e urina. Em caso positivo, leve-a periodicamente ao banheiro (duas a três vezes por período).
- Ensine as meninas a se secarem depois de fazer xixi.

DICAS PARA TIRAR AS FRALDAS

✓ A fralda deve ser tirada durante o dia, quando a criança está ativa. Se ela dormir após o almoço, por exemplo, deverá fazê-lo de fralda.
✓ Em deslocamentos mais demorados, de carro ou a pé, a

criança deve ir de fralda. Assim que chegar ao local de destino, deve-se tirar a fralda e levá-la ao banheiro.

✓ Tenha sempre à mão mudas limpas de roupa, particularmente calcinhas e cuecas, para trocar sempre que necessário. Às vezes o calçado também fica molhado...

✓ Não se zangue com a criança quando ela fizer xixi na roupa. Apenas converse com ela, dizendo que xixi se faz no banheiro.

✓ Depois de um tempo de iniciado o controle, dê um pano limpo à criança e solicite sua ajuda para enxugar o chão molhado de xixi (sem obrigatoriedade). Depois, lembre-se de lavar as mãos da criança.

✓ Se a criança fizer cocô em horários mais ou menos regulares, procure levá-la ao banheiro nessas horas.

✓ Quando perceber que a criança vai começar a evacuar, procure levá-la ao banheiro. Mas cuidado: se ela já estiver evacuando não convém interromper o processo.

✓ Cuide para que, nessa fase de desfraldamento, a criança não crie "rituais" para evacuar: somente atrás da cortina ou de um sofá, somente se lhe colocarem a fralda para tal fim etc.

✓ Uma vez iniciado o procedimento de tirar as fraldas, faça-o diariamente, como rotina, a não ser que a criança fique doente ou com diarreia, por exemplo. Nesses casos, se o treinamento estiver no começo, é melhor postergá-lo por alguns dias.

✓ A fralda noturna só deve começar a ser tirada quando começar a amanhecer seca durante certo período. Lembre-se: o controle noturno costuma ocorrer até um ano depois do diurno.

4. Cuidados com os brinquedos e organização da sala

- Incentive a criança a usar os brinquedos e a manusear os livros calmamente, sem destruí-los ou danificá-los.
- Ensine-a a guardar os brinquedos depois de usá-los e a arrumar os livros na estante.
- Organize a sala, junto com as crianças, antes de mudar de ambiente.

Dominando o próprio corpo

1. Brincadeiras livres

As atividades de recreação livre podem e devem ocorrer em ambientes fechados (nas salas) e abertos (nos pátios). Esses momentos propiciam aos educadores a oportunidade de fazer uma observação mais acurada de cada criança, possibilitando o reconhecimento de suas singularidades, preferências e ritmos específicos, uma vez que brincadeiras e devaneios são uma maneira de expressar o modo de ver e sentir o mundo.

A recreação livre engloba tanto as brincadeiras em grupo quanto as individuais, paralelas às atividades desenvolvidas pela maioria das crianças.

Ao brincar, a criança imita e interioriza determinados comportamentos dos adultos, o que pode ser observado nas brincadeiras de casinha, escola, mãe/pai e filho(a), chamadas de jogos dramáticos. O que caracteriza o jogo dramático é a articulação entre a imaginação e a realidade. A brincadeira é a imitação de uma realidade já vivenciada pela criança, transformada por suas emoções e ideias. Assim, ao brincar, ela expressa sentimentos, imagens e sensações suscitadas em experiências prévias. Dessa forma, o brincar é essencial para o desenvolvimento psíquico e físico (motor) da criança.

Com base na observação das brincadeiras, a educadora pode compreender o processo de desenvolvimento das crianças em conjunto, e de cada uma em particular, registrando sua capacidade de uso das linguagens (ao fazer perguntas, contar histórias, narrar fatos, expressar-se por meio de gestos e mímicas), suas capacidades sociais (o relacionamento de cada criança com o resto do grupo, os papéis a serem assumidos, situações mais valorizadas, valores e atitudes tomadas), bem como os recursos afetivos e emocionais de que dispõem (capacidade de resolver conflitos, de comunicar desagrados, de persuadir o colega e de lutar pelo que deseja). A possibilidade de fazer escolhas e de se expressar livremente favorece o desenvolvimento da autoestima.

A brincadeira e o jogo são processos ligados ao sujeito e a sua cultura, adquirindo especificidades de acordo com cada grupo. Apesar da grande penetração e da influência da televisão e da internet, não se pode imaginar que os jogos dramáticos de crianças indígenas, por exemplo, vivendo em suas aldeias, sejam iguais aos dos habitantes de grandes centros urbanos. A brincadeira e o jogo, portanto, têm um significado cultural muito marcante, pois é por meio do brincar que a criança conhece, aprende e se constitui como ser pertencente a um determinado grupo.

DICAS PARA A EDUCADORA

✓ Organizar as brincadeiras para que ocorram de maneira diversificada, de modo a propiciar às crianças a possibilidade de escolherem os temas, papéis, objetos e companheiros com quem brincar.

✓ Observe e registre por escrito: de que maneira a criança resolve conflitos e expressa suas vontades ou desagrados; como cria seus personagens; que papéis gosta de representar etc.

✓ Saiba dosar as intervenções no grupo: não interfira demais nem deixe que os conflitos ou a desorganização tomem proporções indesejáveis.

✓ Verifique se alguma criança é excluída das brincadeiras com frequência, a fim de intervir da maneira mais adequada.

2. O corpo em movimento

Nessa faixa etária, as atividades de movimentação devem dar à criança a oportunidade de usar, sentir e conhecer seu corpo, para que possa adquirir maior agilidade, segurança, flexibilidade e equilíbrio.

Além de todas as brincadeiras sugeridas no capítulo anterior, podem ser acrescentados alguns jogos com regras bastante simples:

• Esconde-esconde.
• Pega-pega.
• Brincar de estátua, ficando imóvel por alguns instantes.
• Andar ou correr ao ritmo marcado por um tambor ou por palmas.
• Andar em caminhos simples e relativamente largos traçados com giz, sem pisar nas linhas.
• Andar sobre tábuas.

3. Percepção corporal

Ao longo desse ano, a criança deverá ser capaz de identificar e nomear as grandes partes do corpo (cabeça, pernas, mãos etc.) e alguns detalhes (orelhas, língua, dentes, joelhos etc.).

Além de todas as atividades sugeridas no capítulo anterior, propomos as seguintes:

- Brincadeiras corporais que comecem com a imitação dos movimentos da educadora e prossigam com a imitação dos movimentos dos colegas.
- "Seu mestre mandou" e outros jogos de imitação.
- Dramatização com roupas e maquiagem, nomeando as partes do corpo onde são usadas.

4. Jogos com ritmos e sons

- Peça a uma criança que faça um som com o corpo (soprar, bater palmas etc.). Em seguida, os colegas devem imitá-la.
- Peça às crianças que falem bem baixinho, bem alto, em tom normal e gritem.
- Imite ruídos produzidos por animais (cavalo trotando, elefante correndo etc.) e por automóveis, buzinas etc.
- Estimule as crianças a perceber os sons do dia a dia: "Vamos abrir a torneira e ouvir o barulho da água?"; "Que barulhos conseguimos fazer com este papel?"; "E este lápis, faz algum barulho? Vamos tentar descobrir outros barulhos?" etc.
- Continue sugerindo às crianças que criem movimentação corporal livre para diferentes ritmos (veja o capítulo anterior).
- Estimule-as a identificar os sons de alguns instrumentos musicais existentes na escola.

- Escolha, na sala de aula, objetos que possam ser utilizados como instrumentos sonoros. Peça aos alunos que explorem os sons livremente e, em seguida, que sigam algumas sugestões feitas por você (tocar bem alto/bem baixinho; todos juntos, um de cada vez etc.).

5. Coordenação visomotora

Nessa faixa etária, a criança gosta de brinquedos de encaixe, de armar (para desarmar e tornar a armar), de manusear objetos pequenos (pedrinhas, pedacinhos de barbante, bolinhas etc.) e de folhear livros e revistas.

Além de todas as atividades sugeridas no capítulo anterior, a criança pode:

- Fazer bolinhas de papel colorido para colocar dentro de garrafas PET vazias (as crianças costumam achar o resultado lindo).
- Montar quebra-cabeças de encaixe (de madeira).
- Fazer colares e pulseiras enfiando contas grandes (ou macarrão furadinho) num cordão.
- Construir diversos objetos com blocos grandes e médios.
- Folhear revistas e livros.

Comunicando-se

A aquisição da linguagem é um marco importante no desenvolvimento da autonomia. Quando a criança aprende a nomear coisas e ações, o mundo passa a se apresentar de maneira mais organizada e diferenciada, permitindo que ela e o mundo se relacionem de um modo novo e mais complexo. O uso da linguagem

A CRIANÇA ATÉ 4 ANOS

possibilita que as experiências das crianças estendam-se para além da realidade próxima e imediata na qual, anteriormente, costumavam se encerrar.

Ao mesmo tempo que os nomes servem para identificar os elementos que constituem o mundo, eles também dizem à criança o que acontece internamente. Dessa forma, ela começa a perceber que suas sensações, emoções e experiências têm propriedades comuns às das outras pessoas. A partir daí, adquire, pouco a pouco, consciência de sua individualidade, percebendo-se, simultaneamente, como sujeito pertencente a um grupo.

Os principais objetivos das atividades de linguagem nessa faixa etária são o enriquecimento do vocabulário e o desenvolvimento dos hábitos de ouvir e falar em grupo.

Além de todas as atividades sugeridas no capítulo anterior, indicamos as seguintes:

- Converse sempre com as crianças, individualmente e em grupo, aproveitando situações diversas: passeios, acontecimentos de casa, situações da escola, o tempo (se está sol, está chovendo etc.).
- Conte histórias em que você possa colocar os nomes dos alunos; histórias que contenham repetição de frases, palavras ou com rimas (lembre-se de utilizar todos os recursos mencionados no capítulo anterior).
- Leia para as crianças poemas e quadrinhas simples.
- Misture objetos que têm usos diferentes. Por exemplo: objetos usados no banheiro e outros objetos usados na cozinha. Peça que uma criança pegue um item usado na cozinha. Continue a atividade com outros objetos até que todos os alunos tenham participado.
- Leve para a sala de aula diversos objetos para que as crianças digam para que servem. Por exemplo: sabonete, relógio,

martelo, CD, sacola, telefone, panela, pincel, escova de cabelo, caneta, colar, maiô etc.

- Organize conjuntos de objetos e: tire do saco, dizendo o nome; peça à criança que procure determinado item no saco; permita que ela brinque livremente com os objetos.
- Proponha joguinhos de criação ou repetição de sons diversos (onomatopeias). Exemplo: campainhas que tocam de diferentes maneiras – trim-trim, dlim-dlom, r..r..r..; motor de automóvel, de moto, de caminhão, avião; trote de cavalo etc.

A CONTAÇÃO DE HISTÓRIAS

Veja a seguir algumas dicas para tornar a hora da história um momento interessante, lúdico:

- ✓ Leia toda e qualquer história antes de contá-la aos alunos. Utilize também livros de imagens. Lembre-se de que toda atividade deve ser planejada com antecedência.
- ✓ Escolha histórias com linguagem clara e simples, que estejam de acordo com o interesse e a maturidade dos alunos.
- ✓ Conte as histórias utilizando movimentação corporal, imitando vozes de bichos e trabalhando a modulação geral da voz.
- ✓ Tenha sempre em mente que o principal objetivo da contação de histórias é despertar prazer, isto é, desenvolver nas crianças o gosto pela leitura.
- ✓ Faça perguntas simples para que as crianças reconstituam partes do enredo, estimulando a participação do grupo.
- ✓ Diversifique as histórias, mesmo que as crianças mostrem preferência acentuada por algumas delas.

✓ Permaneça atenta, nas atividades em grupo, para que a conversa não seja monopolizada por uma só criança, dificultando ou impedindo a participação das outras.

✓ Observe se alguma criança mostra dificuldade em escutar ordens dadas, o que poderia caracterizar um problema auditivo.

✓ Use ilustrações, fotos e gravuras bastante nítidas de objetos variados (animais, frutas, legumes, vestuário, plantas, flores, móveis, utensílios domésticos, meios de transporte etc.) e de pessoas em ação.

Matemática

Quando se parte do princípio abrangente que "fazer matemática é expor ideias próprias, escutar as dos outros, formular e comunicar procedimentos de resolução de problemas, confrontar, argumentar e procurar validar seu ponto de vista, antecipar resultados de experiências não realizadas, aceitar erros, buscar dados que faltam para resolver problemas, entre outras coisas" (Referencial Curricular Nacional para a Educação Infantil, v. 3, p. 207), percebe-se que o ensino da matemática na educação infantil não se limita à construção do conceito de número. Assim, "a construção de competências matemáticas [...] ocorre simultaneamente ao desenvolvimento de inúmeras outras de naturezas diferentes e igualmente importantes, tais como comunicar-se oralmente, desenhar, ler, escrever, movimentar-se, cantar etc." (RCNEI, *op cit.*, p. 217).

O conhecimento matemático propriamente dito é construído, primeiramente, com base na percepção das diferenças de formas e tamanhos. Em um segundo momento, são percebidas as semelhanças de formas e tamanhos e, finalmente, as diferenças de quantidade (mais ou menos). Todas essas peculiaridades são compreendidas mais como um atributo do objeto (a cor, por exemplo), sem que se faça uma associação abstrata com os números. O conceito de número é uma construção da mente humana, uma abstração feita a partir dos objetos, mas não é uma qualidade intrínseca a nenhum objeto: o conceito de número faz parte do universo das relações. Assim, para o desenvolvimento de um raciocínio matemático consistente, é indispensável que sejam feitas todas as relações e classificações possíveis entre os objetos: cor, forma, tamanho, material, sequência, distância (espacial e temporal), peso, quantidade etc.

É fato sabido e amplamente repetido que a lógica infantil não é a lógica adulta simplificada. Isso quer dizer que a criança se relaciona com o mundo de forma própria e bastante complexa. Já foi dito, também, que por meio da motricidade a criança estabelece relações entre os objetos, afirma suas percepções e elabora imagens e representações. Isto é, com base no movimento/ação a criança torna-se capaz de desenvolver o raciocínio abstrato. Assim, os jogos, as brincadeiras e as situações do cotidiano oferecem oportunidades privilegiadas para o trabalho com ideias matemáticas. É indispensável, porém, que o educador seja capaz de "reconhecer a potencialidade e a adequação de dada situação para a aprendizagem, tecer comentários, formular perguntas, suscitar desafios, incentivar a verbalização pela criança etc." (RCNEI, *op. cit.*, p. 213), de modo a não permitir que a aprendizagem ocorra de maneira aleatória, sem intencionalidade.

Nesse sentido, vejamos algumas atividades que podem colaborar com o desenvolvimento dos conceitos matemáticos:

- Construção de circuitos de obstáculos (na sala e no pátio), com cadeiras, pneus, lençóis etc. A criança passa por cima, por baixo, por dentro, por fora ou desvia dos obstáculos.

- Andar em caminhos traçados com giz no chão do pátio.
- Passar dentro de um túnel (minhoca) de pano.
- Utilização de brinquedos que contenham números (telefones, relógios etc.).
- Calendário na sala para marcar os dias do mês, aniversários etc.
- Organização de painel com silhuetas individuais de cada criança para que elas possam comparar a altura.
- Carimbos de mãos e pés para comparar tamanhos.
- Atividades com músicas e rimas envolvendo contagem e números (ex.: "Um, dois, feijão com arroz").
- Brinquedos para encaixar, enfileirar, empilhar, enfiar etc.
- Construir tendas ou "casas" com lençóis para que as crianças brinquem dentro e fora.

No que diz respeito ao desenvolvimento das percepções sensoriais (visual, auditiva, tátil, olfativa, gustativa), a educadora deve possibilitar a experimentação de materiais e a vivência de situações diversas, e não a mera verbalização a respeito dessas competências. Os principais objetivos para essa faixa etária são: percepção visual (perceber semelhanças e diferenças entre objetos; identificar e discriminar as cores primárias); percepção tátil (desenvolvê-la a partir do manuseio de objetos de texturas, materiais, formas e tamanhos diversos); percepções gustativa e olfativa (oferecer à criança alimentos bem variados, desenvolvendo um trabalho de educação alimentar, chamando atenção para o paladar e o cheiro dos alimentos).[6]

Entre as atividades sugeridas para aguçar os sentidos das crianças, estão:

---

6. O trabalho específico de percepção auditiva foi abordado no item "Jogos com ritmos e sons", p. 81.

- Dividir a turma em grupos e dar a cada um deles uma ficha de uma só cor. Pedir a cada criança que procure na sala algum objeto da mesma cor da ficha que tem na mão.
- Distribuir revistas para que cada grupo encontre figuras da cor de sua ficha. Ajudar os grupos a recortar e colar as figuras encontradas em uma cartolina. Expor os cartazes em lugar visível da sala de aula.
- Propor brincadeiras em que cartões de diferentes cores (azul, amarelo e vermelho) solicitem diferentes ações. Exemplo: ao mostrar o cartão amarelo, os alunos devem correr até um local predeterminado. Ao mostrar o cartão vermelho, as crianças devem parar imediatamente. Ao mostrar o cartão azul, cada criança deverá fazer uma careta. Repetir a brincadeira com ordens diferentes.
- Pedir aos alunos que tragam de casa algum objeto (brinquedo, roupa, caneca, escova etc.) da cor solicitada pela professora e organizar um painel na sala.
- Preparar, junto com as crianças, alimentos para comerem no lanche comum ou festivo: gelatina, biscoitos, bolo, pastas para sanduíches etc.
- Utilizar frutas e legumes para atividades variadas: manuseio, preparação de saladas, sucos, comer em pedaços, alimentos que podem ser ingeridos crus ou que necessitam de cozimento etc.

Conhecimento do mundo: quem sou eu?

Descobrir-se e desvendar o mundo. Essas são as principais motivações da criança de 2 anos, e é ela que deve servir de guia para que as educadoras planejem os assuntos a ser trabalhados com os alunos. Na faixa etária que vai dos 2 aos 3 anos, a criança está fundamentalmente empenhada em construir sua identidade, e a percepção que tiver da própria imagem vai ajudá-la a desenvolver a autoconsciência. Esta, por sua vez, é formada por competências práticas e significados emocionais, que possibilitam à criança tornar-se consciente do que é capaz de fazer e sentir. Com base na exploração e na experimentação do ambiente, a criança construirá sua imagem, e a contrapartida proporcionada pela atividade ganhará relevância para a construção dessa imagem: quanto mais positivo for o retorno do meio e das pessoas com as quais convive, mais positiva será a imagem que ela faz de si.

A possibilidade de fazer escolhas também permite à criança desenvolver a autoestima, diferenciando-se e, ao mesmo tempo, identificando-se com os outros. Além disso, quando se criam oportunidades de escolha para a criança, ela descobre que pode desejar coisas por si só e, gradativamente, torna-se consciente de seus atos e de suas consequências. Dessa forma, desenvolve, ao mesmo tempo, a autonomia e a capacidade crítica.

Assim, ao propor temas que digam respeito ao mundo bem próximo à criança – a família, a casa, os brinquedos, os alimentos preferidos, as roupas, a escola e outros assuntos semelhantes –, a educadora ajudará a criança a construir sua identidade e a desenvolver sua autoestima.

Vejamos algumas atividades que favorecem esse desenvolvimento:

- Pedir às crianças que tragam fotos suas e da família para mostrar aos colegas. Montar uma árvore genealógica com as fotos.
- Pedir que cada criança traga uma foto de um passeio, aniversário, viagem, visita de algum parente etc. para que ela fale sobre a foto na rodinha de conversação.

- Oferecer duas ou três atividades e/ou material para manuseio e dar opção de escolha para as crianças.
- Propor uma pintura, por exemplo, e perguntar se as crianças querem fazer no pátio ou na sala.
- Propor uma colagem, oferecendo materiais variados para que os alunos escolham o que querem usar.
- Brincar de passar a bola para um colega, dizendo antes o nome do colega escolhido.
- Cantar músicas ("A canoa virou", por exemplo), contar histórias, inventar rimas com os nomes das crianças.
- Pedir que as crianças observem como está a sala naquele dia, quem veio à escola, quem faltou etc.
- Pedir à criança que execute alguma tarefa que esteja ao seu alcance (como "ajudante" da educadora): distribuir copos, mochilas etc.
- Organizar um lugar específico para cada aluno guardar suas coisas (com foto).
- Propor atividades de culinária para que as crianças experimentem alimentos variados.
- Confeccionar com cada aluno um álbum contendo: uma foto da criança sozinha (quando bebê e atual), uma foto com a família (pais, irmãos, tios, avós), gravuras de alimentos/ brinquedos preferidos etc.

 # A CRIANÇA DE 3 a 4 ANOS – JARDIM I

Quem tem medo do lobo mau?
(Cícero, Heitor e Prático)

Ampliando os horizontes

Já tendo aprendido a se movimentar com firmeza e segurança – o que confere à criança de 3 anos um razoável autodomínio –, a grande conquista dessa faixa etária é o uso que ela começa a fazer da linguagem. Sua compreensão aumentou consideravelmente e ela presta muita atenção a tudo que se diz ao seu redor.

A aquisição da linguagem permite que a criança fale e pense a respeito de fatos e acontecimentos que já tenha vivenciado, isto é, sobre fatos que não estão ocorrendo no momento da fala. É a linguagem possibilitando que o mundo se amplie e ultrapasse barreiras de tempo (agora). Ao descobrir que as palavras também servem para dar nome a coisas, sensações e desejos, a criança percebe que suas experiências e seus sentimentos têm elementos comuns com as experiências e os sentimentos de outras pessoas, de outras crianças. Dessa forma, as barreiras do espaço (sua família) também são rompidas e, por meio das palavras, o mundo vai crescendo e se organizando em sua mente. Se aos 2 anos ela precisava saber qual era o seu papel na família, aos 3 ela passa a ter a importante tarefa de descobrir quem ela é no mundo. Nesse exercício, interessa-se pelas outras pessoas e costuma observá-las atentamente.

A primeira descoberta a ser feita é se ela já é grande ou ainda é um bebê. Essa fase é uma espécie de *adolescência* da infância, na qual a criança alterna momentos de maturidade e sensatez – chegando a surpreender os adultos – com outros em que age como um bebê.

O que reforça o sentimento de "já sou grande" de uma criança de 3 anos é a sua habilidade de se locomover com desenvoltura e equilíbrio. Ela tem independência suficiente para realizar sozinha várias tarefas, como alimentar-se, abrir a lancheira e retirar o lanche, calçar tênis ou sandálias. Aos 3 anos, a criança sente orgulho de suas habilidades e gosta de vê-las reconhecidas pelos adultos, na forma de elogios. Por todos esses motivos, é extremamente determinada e insiste em fazer valer suas vontades, tais como escolher a roupa que vai vestir, a hora de entrar ou sair do banho. Outras vezes, recusa com veemência a ajuda do adulto para executar uma tarefa qualquer. Quando contrariada, além de não se deixar distrair facilmente, seus acessos de raiva são mais difíceis de controlar do que quando era mais nova: agora, ela tem não apenas mais força física, como também maior domínio de vocabulário para fazer exigências. No entanto, apesar de sentir-se poderosa devido à independência recém-conquistada, tem inveja da competência e da importância dos adultos na sociedade, e há momentos em que não suporta seu desamparo e sua dependência.

"Quando a criança está cansada ou acha que fez esforço demais para se comportar como gente civilizada durante um dia, o bebê reaparece. A criança não concordará com nada, fará má-criação e não cederá ante nenhum argumento razoável" (Osborne *et al.*, 1973, p. 39).

Nessas ocasiões, de nada adianta estabelecer um duelo verbal com a criança, pois ela não abrirá a guarda. O melhor caminho para controlar a situação é colocar um limite claro e firme, fazendo valer a autoridade do adulto. Ao perceber que este está seguro, a criança terá a certeza de que poderá confiar nele nos momentos de desamparo.

Nessa faixa etária, a criança sente prazer em aprender palavras e informações novas. Seu cérebro poderia ser comparado a uma esponja seca que absorve cada informação recebida como se fosse uma gota d'água. Acontece, porém, que ela ainda não consegue lidar ordenadamente com tantas novidades, com as coisas todas que já aprendeu e continua a aprender. Ou melhor, a criança organiza as informações de modo bastante peculiar, articulando-as por meio do *pensamento mágico*, que constitui a base da lógica infantil. Esse pensamento serve para explicar os fatos, assim como para defendê-la de sentimentos conflitantes.

Pensamento mágico e imaginação caminham sempre de braços dados. Assim, muitas das explicações que as crianças dão aos acontecimentos são impregnadas de fantasia: para elas, as fronteiras entre o que é real e o que é imaginado ou desejado ainda não estão bem definidas. Muitas vezes, acreditam que as palavras são capazes de influenciar fatos e acontecimentos segundo a sua vontade. Por isso, não costumam se surpreender com coelhos tirados de cartolas: para elas, é um acontecimento perfeitamente natural. Por isso, também, quando um(a) menino(a) dessa idade conta à mãe, cheio(a) de entusiasmo e minúcias, o passeio de helicóptero que fez com os colegas e com a professora, não se pode dizer que esteja mentindo. No entanto, se o adulto embarcar na mesma viagem da criança, incentivando-a de alguma forma a acreditar na própria fantasia, ele, sim, estará faltando com a verdade, o que poderá deixar a criança confusa. Cabe ao adulto ajudar a criança a distinguir fantasia de realidade, sem ambiguidades, mas com toda a delicadeza possível, para que o uso da fantasia e da imaginação não seja compreendido como uma coisa ruim. A bem da verdade, a capacidade de imaginar e de fantasiar é um dos atributos mais valiosos do ser humano e, em última análise, o que o diferencia dos demais seres vivos.

Outra característica marcante dessa faixa etária é a visão rígida e maniqueísta que as crianças têm em relação à vida. Sua consciência costuma ser muito severa; as emoções, fortes e contraditórias; e qualquer atitude que provoque o desagrado dos adultos poderá ser, em sua imaginação, merecedora de castigos assustadores. Por isso, às vezes as bonecas são repreendidas com rispidez exagerada ou levam surras impressionantes, mesmo que a criança nunca tenha levado uma única palmada. Daí a frequência com que ela transfere a "culpa" para outra pessoa (coisa ou animal), ou então dá explicações mirabolantes para justificar seus feitos. Ela está mentindo? Não, ela não está mentindo: está apenas recorrendo ao poder mágico das palavras para escapar das terríveis punições imaginadas. Mais uma vez, caberá ao adulto encorajar a criança a se responsabilizar por seus atos, colocando os limites de maneira clara, firme e proporcional ao que foi feito. Do contrário, a criança poderá cristalizar a ideia de que o mundo é uma fonte inesgotável de castigos horrorosos (quando o limite é colocado de forma exagerada) ou então de castigos que estão sempre por vir (quando o limite não é colocado).

As brincadeiras espontâneas das crianças, principalmente as de faz de conta, são uma das formas encontradas por elas para conhecer esse mundo que, de repente, passou a ser povoado por pessoas e seres tão diversos. Ao fingir que é o outro (mãe, bebê, lobo ou herói), a criança *experimenta* concretamente, pela identificação, como é ser mãe, bebê, lobo ou herói e incorpora, de fato, o personagem representado. É o pensamento mágico entrando em cena de novo. É muito comum, nessa idade, ver algumas crianças correndo no pátio da escola, fugindo de um lobo assustador que as está perseguindo. O lobo, naturalmente, é outra criança.

A propósito desse faz de conta, lembro-me de um diálogo, ouvido há alguns anos, entre uma mãe e seu filho, quando um desenho animado de TV, chamado *Power Rangers,* era populariíssimo entre as crianças:

CRIANÇA: Mãe, hoje o Pedro chorou na escola.
MÃE: Por quê, meu filho?
CRIANÇA: Porque ele era o monstro e eu o Power Ranger.
MÃE: E ele chorou por causa disso?
CRIANÇA: Não. Ele chorou porque eu bati nele.
MÃE: Mas, meu filho, o Pedro é seu amigo! Por que você bateu nele?
CRIANÇA: Eu não bati no Pedro, mãe. Eu bati no monstro!

Não podemos falar sobre essa faixa etária sem mencionar a palavra "medo".

De uma hora para outra, a criança começa a dizer que tem medo de escuro, ou de trovão, ou de vassoura, sem que o adulto compreenda a origem desses temores. Porém, não podemos nos esquecer de que, com todas as experiências vividas até então, a criança já é capaz de reconhecer alguns perigos externos (embora não seja capaz de se defender deles sozinha), além de estar sempre sendo alertada pelos adultos sobre as consequências de atravessar a rua sozinha ou de chegar perto do fogão. Ora, se a criança é severa em seus julgamentos, se realidade e fantasia não têm uma fronteira bem definida a separar uma da outra, é natural que os perigos externos sejam "influenciados e mesclados com as elaborações de sua imaginação" (Osborne *et al.*, *op cit.*, p. 57), capaz de transformar objetos do cotidiano em monstros, varinhas de condão ou espadas de heróis.

Fantasia, muitas palavras, faz de conta, desenvoltura, imaginação e vontade de *ser grande* são elementos que compõem o universo fascinante da criança de 3 anos.

Interagindo com adultos

A escola de educação infantil é um ótimo lugar para observar as novas conquistas das crianças de 3 anos. Na sala de aula, a sua forma de se relacionar com a educadora e com os colegas revela até que ponto seu universo social se ampliou, ultrapassando as fronteiras dos territórios ocupados apenas pelos familiares mais próximos. À medida que o ano letivo evolui, os colegas adquirem importância cada vez maior, embora a professora continue sendo o ponto de referência para todo o grupo: é ela quem estimula os pequenos a fazer novas amizades; é ela quem os ajuda a organizar suas brincadeiras; é ela a principal ouvinte das façanhas, aventuras ou dos acontecimentos corriqueiros do dia a dia; é ela, ainda, quem faz os elogios mais relevantes, que enchem a criança de orgulho e satisfação, reforçando sua autoestima; é ela, por fim, quem apresenta as novidades, as surpresas e as informações diferentes. A professora, em suma, é uma espécie de fada que tudo sabe, cujos gestos costumam ser imitados e as palavras, repetidas.

Se até esse momento a educadora mediava as relações entre as crianças e o mundo exterior, além de ajudá-las a organizar a realidade, seu principal papel, agora, vai ser o de mediadora do relacionamento entre os próprios colegas – que, cada vez mais, preferem brincar em grupo.

Não é de surpreender que as brincadeiras de uma turma de meninos e meninas de 3 anos de idade se transformem, de uma hora para outra, numa grande agitação, que poderá dar origem a alguns desentendimentos. É importante que a educadora esteja sempre atenta, intervindo o mais cedo possível para manter o grupo sob controle. Embora não deva cercear demais as brincadeiras, em nome da *ordem* e da *disciplina*, deve ter sensibilidade suficiente para não permitir que alguns limites sejam ultrapassados.

Chamar a atenção do grupo para um comportamento positivo às vezes pode surtir mais efeito do que uma repreensão. Como as crianças gostam de imitar umas às outras e adoram receber elogios, a educadora deve se utilizar desses recursos na hora de colocar os limites. Se, em vez de reforçar comportamentos positivos, a professora preferir chamar a atenção do grupo para algum comportamento indesejado ("Se vocês dois não pararem quietos vão acabar derramando o suco!"), ela corre o risco de outras crianças começarem a se agitar, não só para imitar os colegas e atrair sua atenção, mas também para ver o que acontece com o suco. Afinal de contas, crianças de 3 anos são extremamente curiosas e adoram uma novidade!

O gosto por elogios, novidades e surpresas acaba sendo um forte aliado da educadora em várias situações, facilitando o seu manejo de grupo. Mesmo quando a criança está por demais entretida e resiste a mudar de atividade ou de ambiente, a apresentação de algo novo pode despertar o seu interesse para o que o adulto deseja. O importante é que, ao longo do dia, as crianças tenham oportunidade de alternar brincadeiras mais ativas com outras mais sossegadas.

Interagindo com crianças

Como vimos anteriormente, nessa faixa etária a criança começa a perceber os colegas como seus semelhantes. Observam-se uns aos outros, imitam trejeitos e modos de falar. Na escola, o gosto pela imitação pode ser observado em várias situações. Em uma rodinha de conversação, por exemplo, ao contar a sua novidade do final de semana, determinado aluno pode dizer que foi ao cinema com os avós. Depois de ouvir essa informação, vários outros colegas falarão sobre programas feitos com os avós nesse mesmo final de semana, tenham eles acontecido ou não.

Nessa mesma rodinha, se uma das crianças resolve virar de costas para o grupo, logo, logo será imitada por alguns de seus companheiros. Para evitar que todos resolvam fazer a mesma coisa, a professora deve ter um trunfo na manga para poder dizer "Só vai conseguir ver a surpresa que eu trouxe quem estiver de frente para os colegas". Se ela optar por: "José, sentado desse jeito você não vai conseguir ver a surpresa que eu trouxe", periga o José virar a cabeça para trás e dizer: "Eu 'conségo', sim, olha só". E todo mundo vai querer experimentar.

Logo que três ou quatro crianças começam a brincar juntas, ou seja, quando começam a surgir as brincadeiras associativas, num primeiro momento podem acontecer diálogos sem nenhuma lógica aparente – os chamados *monólogos coletivos* –, uma vez que cada criança está concentrada na sua própria brincadeira, embora todas gostem de estar juntas e de conversar.

MARIA: Eu estou fazendo um bolo para o meu aniversário.
LÚCIA: Primeiro a gente tem que tirar a areia.
PAULO: O meu pai foi de carro para o trabalho.

Pouco a pouco, porém, as brincadeiras passam a ser coletivas. Os meninos, por exemplo, que geralmente preferem atividades mais dinâmicas, muitas vezes se transformam no super--herói do momento e, juntos, combatem um inimigo imaginário com "armas mortíferas": gravetos, folhas ou mesmo a pazinha de brincar na areia. É comum, também, ver as meninas "brincando de casinha", dramatizando situações familiares, cada uma escolhendo o seu papel. Isso não quer dizer, porém, que as meninas sejam sempre calmas e os meninos sempre agitados.

A escolha de papéis, aliás, é uma das frequentes causas de conflito entre as crianças nessa faixa etária: quase todas querem desempenhar o papel de maior destaque ou *status*: mãe, professora, princesa, super-herói etc. Esses papéis variam em função da cultura em que a criança está inserida, mas a tendência é a busca do mais importante.

As crianças também gostam de dramatizar algumas histórias infantis bem conhecidas. Na maioria das vezes, as preferidas continuam sendo *Chapeuzinho vermelho* e *Os três porquinhos*. O que essas histórias têm em comum? Um personagem fascinante, chamado Lobo Mau! Junto com a *mãe*, o papel de *lobo mau* é um dos mais cobiçados pelas crianças. Ao representar o lobo, elas se transformam nele e vivem o personagem com tal intensidade que, não raro, os demais colegas fogem correndo, verdadeiramente atemorizados, e o "lobo" se sente o máximo. Talvez seja esse o motivo de poucas crianças se entusiasmarem pelo papel do caçador...

Mesmo sentindo uma grande satisfação em brincar juntas, não se pode afirmar que aos 3 anos as crianças tenham um grupo fechado de amigos. É possível, sim, verificar uma tendência de quem brinca mais com quem, e essa tendência pode se tornar mais frequente ou se modificar no decorrer do ano letivo. O mais comum é que os grupos sejam instáveis e seus componentes variem segundo a brincadeira do momento.

À medida que se aproximam dos 4 anos, as agressões entre as crianças passam a ser mais verbais do que físicas, embora a maioria das conversas entre elas seja amigável. Nessa idade, as piores agressões, aquelas que ferem mais fundo, costumam ser: "Eu não sou mais sua amiga!" ou "Você não vai no meu aniversário!" – sempre com um ponto de exclamação no final da frase.

Por outro lado, o maior domínio da fala e o enriquecimento do vocabulário permitem que a criança seja capaz de demonstrar empatia pelos colegas. Como, de maneira geral, seus interesses são mais flexíveis e ela gosta de ajudar os adultos – além de já ser capaz de partilhar e de esperar sua vez –, a educadora, por meio de argumentos e conversas, poderá resolver as desavenças com mais facilidade do que quando a criança tinha 2 anos. Aos 3 anos, é possível até que ela reconheça ter feito algo para magoar ou machucar o colega. No caso das agressões físicas, às vezes o arrependimento é tão imediato que o gesto agressivo pode ser seguido de um pedido de desculpas ou abraço.

Atividades e objetivos

Mesmo gostando um bocado de atividades movimentadas, a partir dos 3 anos as crianças aprendem, pouco a pouco, a apreciar as brincadeiras mais sedentárias: jogos de mesa com regras simples, quebra-cabeças, jogos de construção para fazer castelos, naves, espadas etc.

O divertimento preferido, porém, são as dramatizações, nas quais já é possível perceber que os interesses das meninas e os dos meninos começam a se diferenciar. Quando um grupo de meninas brinca de casinha, cada uma se ocupa de uma tarefa distinta: enquanto uma dá banho na boneca, a outra prepara a refeição e uma terceira varre e limpa a casa. E fazem todas essas coisas falando sem parar. Os meninos, por sua vez, começam a formar grupinhos para, na maioria das vezes, brincar de super-heróis. Alguns também gostam de jogar futebol e, com relativa frequência, vê-se, no pátio da escola, vários garotos correndo atrás de uma bola. Eles não têm a menor noção do que seja um time e, quando qualquer um acerta o gol, todos correm para o abraço. Embora meninos e meninas comecem a preferir brincadeiras diferentes, isso não quer dizer que meninos nunca brinquem de casinha ou que meninas nunca joguem futebol. E, o que é mais importante, não há nada de errado nisso!

Na área do grafismo, entre os 3 e os 4 anos algumas crianças começam a desenhar bonecos. Os primeiros geralmente têm só cabeça, braços e pernas. Pouco a pouco, outros detalhes (cabelos, mãos, pés) vão sendo acrescentados. Algumas crianças também desenham, além do boneco, outras figuras isoladas (flor, avião, cachorro). Os desenhos de cenas mais completas, porém, só costumam surgir entre os 4 e os 5 anos de idade.

O maior domínio da linguagem amplia consideravelmente o campo de interesse das crianças no que diz respeito ao conhecimento do mundo. É uma idade de muitas perguntas, e uma educadora atenta e sensível saberá fazer bom uso dessa característica ao planejar as atividades a ser desenvolvidas com os alunos: há muito a fazer e diversos caminhos a percorrer para saciar a curiosidade das crianças e, ao mesmo tempo, despertar novas indagações.

Os projetos didáticos podem constituir um desses caminhos. Eles visam, em primeiro lugar, responder as perguntas feitas pelas crianças a respeito de alguma coisa que tenha despertado sua curiosidade. Pode ser uma fileira de formigas observada no chão do pátio, pode ser a baleia que engoliu o Pinóquio, por exemplo. Quando interessadas, as crianças começam a especular e perguntar. A professora, então, conversa com a turma para fazer um levantamento do que os pequenos já sabem sobre o assunto e o que mais gostariam de saber. A partir daí, o grupo decide junto onde buscar as informações: em livros, revistas, enciclopédias, filmes, entrevistando pessoas, na internet etc.

Um dos aspectos interessantes dos projetos é que eles devem buscar a participação da família. O produto final, que é a principal característica dos projetos, também deve ser decidido junto com os alunos: pode ser um livro elaborado pela turma, uma exposição em que sejam mostrados os registros das etapas do processo, uma maquete, fotos, desenhos das crianças, uma dramatização etc. Além disso, dependendo do tema em pauta, ele pode servir de motivação para outras atividades paralelas: de movimentação, de percepção corporal, de reconhecimento de cores, de noções de tamanho etc. O projeto didático é, em suma, uma forma riquíssima de trabalho, em que todos os envolvidos – crianças, famílias, educadoras – enriquecem seus conhecimentos de maneira prazerosa, como deve ser toda e qualquer aprendizagem.

Já sou grande!

Nessa faixa etária, com o paladar mais apurado, a dieta da criança pode se tornar mais seletiva, nem sempre coincidindo com o gosto dos pais. Além do mais, ela já é grande, é capaz de comer sozinha e, portanto, não quer que ninguém lhe diga o que deve ou não deve comer. A criança, nessa idade, quer fazer as próprias escolhas.

De certa forma, desde que tenha os alimentos à disposição e que os eventuais períodos de fastio não se transformem em batalhas constantes entre a mãe e a criança, o próprio organismo acabará "solicitando" os nutrientes de que necessita.

Ainda assim, a escola poderá ser, mais uma vez, uma forte aliada da família. A educadora poderá propor às crianças que façam pesquisas variadas – junto com os pais, em sala, em passeios etc. – sobre o assunto. Eis algumas sugestões de temas que podem ser apresentados: Quais os alimentos preferidos dos gatos/cachorros/tubarões/morcegos/onças etc.? As plantas também se alimentam? De que forma? Por que as pessoas têm de comer? Para que servem frutas/legumes/verduras/grãos?

Paralelamente às pesquisas, várias receitas culinárias podem ser feitas na escola, junto com as crianças. Permitir que os hábitos de uma alimentação saudável sejam apresentados de maneira lúdica – e sem estresse – é a melhor alternativa para ajudar a criança a carregá-los para a vida adulta.

No que diz respeito ao vestuário, higiene e organização da sala, a palavra-chave é independência. A criança deve ser incentivada a tirar e recolocar peças de roupa sozinha, a cuidar de seus pertences e do material da escola (livros, brinquedos, móveis), deixando a sala (ou o pátio) organizada sempre que for mudar de ambiente. E o adulto poderá contar com sua ajuda entusiasmada, desde que ela não esteja interessada em fazer outra coisa.

Igual importância têm os hábitos de higiene, que devem fazer parte da rotina: escovar os dentes depois que comer; lavar as mãos antes das refeições e após o uso do banheiro; dar descarga quando usar o vaso sanitário; usar o papel higiênico depois de fazer xixi (as meninas) e depois de fazer cocô. É indispensável, porém, que um adulto verifique se a criança se limpou adequadamente, até que ela consiga fazê-lo sozinha.

Entre os 3 e os 4 anos, a criança poderá esquecer de ir ao banheiro se estiver muito entretida em alguma brincadeira. O controle noturno costuma ser alcançado ao longo desse ano.

O corpo sob controle

1. Brincadeiras livres

No capítulo anterior, falamos da importância de criar momentos e situações que permitam à criança brincar livremente, mas vale lembrar que esses momentos devem estar sempre presentes em todo o ciclo da educação infantil.

2. O corpo em movimento

Nessa faixa etária, as atividades devem dar à criança a oportunidade de usar, sentir e conhecer seu corpo, explorar movimentos para, consequentemente, adquirir maior agilidade, flexibilidade, equilíbrio estático e dinâmico, organização e domínio dos movimentos e das sensações relativas ao corpo. Podem ser propostas na forma de dramatizações e jogos, ou então oferecendo os materiais para que as próprias crianças criem as brincadeiras.

Além de todas as atividades sugeridas no capítulo anterior, seguem mais algumas opções:

- Andar/pular/correr: livremente, de diferentes formas (imitando animais, personagens, etc.), em caminhos largos e estreitos, retos ou sinuosos, em circuitos criados pela professora, sobre pisos de diferentes texturas (almofada, areia, tá-

A CRIANÇA ATÉ 4 ANOS

bua, pneu etc.), em diferentes ritmos (depressa/devagar, ao som de música etc.), associando a outros movimentos (batendo palmas, de braços abertos ou para o alto etc.), transportando objetos inquebráveis, chutando bola etc.

- Transpor obstáculos: caminhando, correndo, saltando (sobre um, sobre dois etc.), desviando-se deles, pisando sobre eles.
- Saltar: só com o pé direito, depois só com o pé esquerdo, lentamente e com movimentação acelerada; para dentro de um arco e depois para fora dele; no mesmo lugar, com os pés juntos: para a frente, para trás, para um dos lados, para o outro.
- Dançar ao som de ritmos diversos, em roda, aos pares, sozinhas etc.
- Virar cambalhotas.
- Escalar brinquedos de troncos, forrando o chão com colchões.
- Brincar com pneus: entrar/sair de pilhas de pneus, rolar livremente, rolar desviando de obstáculos.
- Brincar com bola: quicar e pegar de volta, jogar para o alto e pegar de volta, chutar para determinado colega; em fila: jogar para o colega da frente, de trás, do lado, passando a bola por cima da cabeça, por baixo das pernas; sentados em rodinha: rolar a bola para um colega determinado pela professora, variando o ritmo (ora depressa, ora devagar) etc.
- Brincar com corda estendida no chão, em linha reta ou sinuosa: pular de pés juntos de um lado para o outro, depressa/devagar; pular com os pés alternados; andar sobre a corda com um pé na frente do outro, com passos laterais, de costas, carregando uma bandeirinha, com livro na cabeça etc.
- Participar de jogos com regras (morto-vivo; lenço atrás; elefantinho colorido; batata quente; estátua; chicotinho queimado; batatinha frita, 1, 2, 3; corre, cotia etc.).
- Equilibrar-se: nas pontas dos pés, com os braços erguidos e os olhos fechados.

105

- Balançar partes do corpo: só os braços, só uma das pernas, só a cabeça.

3. Expressividade

É a dimensão subjetiva do movimento. É o uso de gestos, posturas corporais, expressões fisionômicas e ritmos para expressar ideias, sensações e sentimentos pessoais, bem como manifestações corporais relacionadas à cultura (as danças, por exemplo). É uma forma de comunicação não verbal.

CUIDANDO DO PRÓPRIO CORPO

Vejamos como o MEC recomenda que as professoras tratem do próprio corpo no ambiente escolar (RCNEI, v. 3, p. 31):

O professor precisa cuidar de sua expressão e posturas corporais ao se relacionar com as crianças. Não deve esquecer que seu corpo é um veículo expressivo, valorizando e adequando os próprios gestos, mímicas e movimentos na comunicação com as crianças, como quando as acolhe no seu colo, oferece alimentos ou as toca na hora do banho. O professor, também, é modelo para as crianças, fornecendo-lhes repertório de gestos e posturas quando, por exemplo, conta histórias pontuando ideias com gestos expressivos ou usa recursos vocais para enfatizar sua dramaticidade.

Entre os objetivos do trabalho expressivo estão: criar oportunidades para que as crianças desenvolvam gestos simbólicos, tanto os ligados ao faz de conta (imitação de monstros, por exemplo) quanto os que têm significado mais explícito; identificar e dramatizar expressões e ações. Vejamos a seguir algumas opções de atividade:

- Explorar movimentos e caretas diante do espelho (sozinho e/ou junto com colegas).
- Brincar livremente com fantasias, jogos de maquiagem, roupas velhas de adultos, adereços, bijuterias, sapatos etc.
- Brincar de "seu mestre mandou", sugerindo que as crianças expressem sentimentos, com ou sem uso de sons vocais.
- Apresentar gravuras e/ou cartões específicos para que as crianças identifiquem se a pessoa está triste, alegre, com sono etc.
- Apresentar gravuras, ilustrações ou fotos para que as crianças digam o que a pessoa ou personagem está fazendo.
- Representar corporalmente experiências observadas e vividas: balançar como as folhas de uma árvore, voar como um passarinho etc.
- Brincar de mímica: sob orientação da professora, uma criança ou um grupo representa uma cena simples e as outras tentam adivinhar o que ela(s) faz(em), falando sobre o assunto.
- Cantar e brincar de roda com coreografia sugerida pela professora ou com movimentação livre.
- Acompanhar o ritmo: a professora utiliza um instrumento de percussão (tambor ou reco-reco, por exemplo) para marcar vários andamentos e ritmos (rápido, lento, forte, fraco) e as crianças têm de acompanhar as mudanças de ritmo e andamento (correndo, andando rápido ou devagar, pulando etc.).
- Repetir rimas e parlendas: imitando gestos feitos pela educadora ou fazendo movimentos corporais livres. Exemplos:

Lá em cima daquela serra
Tem um velho gaioleiro
Trabalhando o dia todo
Em gaiola sem ponteiro
Pra prender em suas grades
Quem rir ou falar primeiro

Um, dois
Feijão com arroz
Três, quatro
Feijão no prato
Cinco, seis
Falar inglês
Sete, oito
Comer biscoitos
Nove, dez
Comer pastéis

Entrou por uma perna de pato
Saiu por uma perna de pinto
Rei, meu senhor, mandou dizer
Que contasse cinco

A casinha da vovó
Toda feita de cipó
O café está demorando
Com certeza falta pó

Pelo sinal
Do bico real
Comi toucinho
Não me fez mal
Se mais houvesse
Mais comia
Adeus, seu padre
Até outro dia

Currupaco papaco
A mulher do macaco
Ela pita, ela fuma
Ela toma tabaco
Debaixo do sovaco

Hoje é domingo
Pé de cachimbo
O cachimbo é de barro
Bate no jarro
O jarro é de ouro
Bate no touro
O touro é valente
Bate na gente
A gente é fraco
Cai no buraco
O buraco é fundo
Acabou-se o mundo

Rei, soldado,
Capitão, ladrão
Moça bonita
Do meu coração

Meio-dia
Panela no fogo
Barriga vazia
Macaco cozido
Pra tia Maria

Cadê o toucinho
Que estava aqui?
O gato comeu.
Cadê o gato?
Foi pro mato.
Cadê o mato?
O fogo queimou.
Cadê o fogo?
A água apagou.
Cadê a água?
O boi bebeu.
Cadê o boi?
Foi por aqui, por aqui...

Dedo mindinho
Seu-vizinho
Pai de todos
Fura-bolo
Mata-piolho

Santa Clara clareou
Santo Antônio alumiou
Vai chuva, vem sol
Vai chuva, vem sol

4. Percepção corporal e estruturação de figura humana

Jogos de atenção, do tipo "seu mestre mandou", com mais de uma ordem (bater palmas uma vez, colocar as mãos na cabeça e bater os pés no chão; fechar os olhos, abrir a boca e cruzar os braços; sentar, cruzar as pernas e pôr as mãos nos joelhos etc.).

- Pedir a um aluno que faça uma pose qualquer para os colegas imitarem.
- Em duplas, pedir a uma criança que faça uma careta para o colega imitar.
- De olhos vendados, pedir a uma criança que toque num colega para adivinhar que parte do corpo está tocando.
- Pedir que as crianças acompanhem diferentes ritmos musicais só com uma parte do corpo (só com a cabeça, só com o tronco, só com os braços, só com as mãos, só com as pernas, só com os pés, só com os dedos das mãos).
- Jogos de faz de conta (Se a gente não tivesse joelho, como ia conseguir chutar uma bola? Se a gente não tivesse cotovelo, como ia conseguir pentear o cabelo?).
- Boneco articulado: separar as peças e distribuí-las para as crianças; cada uma coloca uma peça. Variar a peça inicial.
- Quebra-cabeças de figuras humanas e de partes do corpo.
- Fazer um saco-surpresa com roupas, calçados e adereços, inclusive pinturas. A cada objeto tirado, a criança deve associar a parte do corpo correspondente (onde se usa). Destacar, também, as funções das partes do corpo.
- Sugerir estruturar bonecos com argila e massinha de farinha de trigo.
- Fazer bonecos com sucatas: caixas de pomada, embalagens de iogurte, palitos de picolé, rolhas etc.

- Usar círculos e retângulos para montar bonecos.
- Desenhar em folha grande de papel pardo o contorno de uma criança. Os alunos vão enumerando os detalhes e a professora desenha.
- Montar corpo humano, tipo quebra-cabeça, a partir de recortes de revista colados numa folha em branco. Cada figura humana é dividida em três partes (cabeça, tronco com braços e pernas).
- Procurar gravuras de pessoas em revistas. As crianças recortam e colam (a professora desenha os limites). Variar: homem, mulher, velho, criança, bebê, pessoa sentada, em pé, deitada etc.
- Recortar de revistas partes do corpo humano e a criança monta individualmente (cabeça, tronco, braços, pernas).
- Recortar uma roupa para cada criança, que a cola no papel e complementa o resto (cabeça, braços, pernas) com desenho.
- Recortar um retângulo, que será uma parte do corpo do boneco. A criança cola o retângulo e completa a figura humana. Essa complementação pode ser feita com material de revista ou desenho.
- Colar uma cabeça, recortada de revista, na folha de papel. A criança desenha o resto do corpo.
- Recortar um círculo, que será uma parte do corpo do boneco. A criança cola e depois completa o resto do corpo. Essa complementação pode ser feita com material de revista, palitos de picolé ou desenho.
- Recortar e dar para a criança retângulos e círculos. A criança monta e cola, formando um boneco.
- Desenhar o contorno das mãos numa folha de papel e observar os detalhes da mão (unhas, articulações), o número de dedos e a função deles. Depois completar o desenho como quiser.

- Recortar de revista adereços que usamos nas mãos e colar numa folha de papel.
- Desenhar o contorno dos pés em uma folha de papel. Depois observar os detalhes (unhas e articulações) e completar o desenho. Estimular a criança a comparar os desenhos dos pés e das mãos, levando-a a perceber as semelhanças e diferenças entre ambos: mesmo número de dedos, a existência de unhas, diferenças nos tamanhos dos dedos, no número de articulações etc.
- Recortar de revistas o que usamos nos pés e colar numa folha de papel.
- Completar um rosto, do qual só há o contorno, desenhando ou colando as partes que faltam.
- Com sacos de papel, confeccionar máscaras. Colar lã, retalhos de papel, desenhar e pintar expressões.
- Com argila, a criança faz uma cabeça e completa o rosto com chapinhas, botões, fios de lã e outro materiais que se prestem a tal finalidade.
- Dar, recortados, olhos, narizes e bocas. Desenhar um círculo grande no papel e a criança monta o rosto.
- Dar um corpo completo, sem cabeça, recortado de revista. A criança cola-o e desenha a cabeça e o rosto.
- Sugerir desenhar a figura humana.

5. Coordenação visomotora

Além das atividades sugeridas no capítulo anterior, acrescentar:

- "Tocar piano", apoiando as mãos sobre a mesa e deixando os pulsos e os braços relaxados. Propor que as crianças, ao seu comando, levantem um dedo de cada vez, enquanto os demais permanecem imóveis. Depois tornam a apoiar um dedo de cada vez na mesa. A brincadeira fica bem mais divertida se acompanhada por música.

- Apanhar, uma a uma, pedrinhas ou sementes grandes esparramadas e colocá-las num recipiente, ora com uma das mãos, ora com a outra.
- Encaixar rodinhas ou carretéis em varas; enfiar contas grandes em barbante, lã ou fio plástico.
- Recorte: livre; de figuras de revista; com limites marcados pela professora.
- Dobraduras simples: livro, gaivota, tulipa, sanfona, laço, gravata.
- Alinhavos: em placas de madeira, em cartolina.
- Montagens com blocos de construção.
- Jogos de encaixe, quebra-cabeças.
- Enrolar barbante e folha de papel em volta de objetos (cabo de vassoura, rolo de papel higiênico). Tanto o barbante quanto a folha de papel, enrolados em forma de canudo, poderão posteriormente ser "transformados" em varinha de condão, tronco de árvore, instrumentos musicais etc.
- Colagem de barbante sobre linha traçada no papel.
- Fazer estradinhas com giz ou barbante no chão para a criança passar carrinhos ou outros objetos. Variar o traçado da estrada: linha reta, sinuosa, caracol.
- Uso do quadro para: fazer estradas para a criança passar carrinhos ou o dedo; ligar figuras iguais, desenhadas pela professora, com o dedo ou com giz; treinar as marcações /, +, ×, O.
- Caminhos desenhados em papel: preencher com material concreto (bolinhas de papel, raspas de lápis, retalhos, fios de lã etc.).

UMA ATIVIDADE PARA CADA IDADE

No Pré-maternal, Maternal e início do Jardim I deve-se dar maior ênfase às atividades que envolvam trabalho com os grandes músculos. No Jardim I, à medida que a criança se desenvolve e adquire maior domínio sobre o corpo, os pequenos músculos necessitam ser exercitados, o que mais tarde favorecerá o desempenho na leitura e na escrita. A professora deve estar atenta, também, para a acuidade visual dos alunos.

6. Atividades de artes

Diferentemente do que acontece nas atividades de coordenação visomotora, em que é priorizada a conquista de determinadas habilidades específicas, nas atividades de artes visuais o objetivo primordial é a exploração e manipulação de diferentes materiais, e não, necessariamente, o resultado do trabalho. Para isso, a educadora deve incentivar as crianças a usar os materiais oferecidos com cuidado e atenção, mas sem ter a expectativa de um resultado preconcebido, certo ou errado, bonito ou feio.

A educadora pode – e deve – conversar com a criança sobre o que ela está fazendo (embora, muitas vezes, a criança mude de ideia no meio do caminho), tecendo comentários sobre o trabalho, incentivando-a a enriquecê-lo e a complementá-lo (se necessário), mas sem dizer diretamente o que está faltando.

É importante que as crianças tenham contato com materiais bem variados – giz de cera, giz pastel, tinta, carvão, lápis de cor, nanquim, anilina, argila, sucata, material de colagem etc. –, tendo-se o cuidado de escolher aqueles que não ofereçam risco à saúde (objetos cortantes, botões, material tóxico).

Algumas vezes a professora pode conversar antes com os alunos, para saber o que desejam fazer e com que materiais pretendem trabalhar. Em outras ocasiões, ela pode escolher determinado material para que os alunos explorem diversas maneiras de utilizá-lo, como, por exemplo, a tinta guache, que pode ser usada com pincel, com as mãos, soprada com canudo (mais rala), para carimbar com esponja etc.

Os desenhos e pinturas também devem ser feitos em superfícies variadas, desde que permitam à criança perceber algum resultado de sua ação sobre elas: papéis de diferentes qualidades, tamanhos e formatos, tela, lixa, caixas de papelão etc.

Para esculturas e outros trabalhos tridimensionais, pode-se utilizar: argila, massinha de modelar ou feita com farinha de trigo e anilina, sucatas (embalagens diversas devidamente limpas e organizadas), folhas, gravetos, areia, retalhos de tecido, canudos, tampinha de refrigerante, lã, palitos de fósforo usados, palitos de picolé, forminhas de doces, algodão etc.

Em um primeiro momento, todos esses materiais devem ser colocados à disposição das crianças, para que elas escolham e façam uma colagem livre. Inicialmente, a tendência da criança é usar todos (ou muitos) num mesmo trabalho, e a professora deve permitir. Pouco a pouco, com a repetição da atividade, a criança deve ser incentivada a selecionar alguns tipos de material, para que seu trabalho fique visualmente menos "poluído". É importante, porém, que, durante a explicação, a educadora tenha o cuidado de não direcionar excessivamente a atividade, a fim de que a criança possa se expressar livremente, fazendo uso da imaginação. Se a criança quiser, poderá complementar a colagem com desenhos. Se a criança se cansar antes de achar que seu trabalho está concluído, a professora poderá perguntar se ela deseja terminá-lo em outro dia. Como nas demais áreas de atuação, o papel da educadora será sempre o de incentivar, aguçar a vontade de aprender, de explorar, de descobrir.

Todos os trabalhos produzidos pelas crianças devem ser expostos num mural – sem qualquer tipo de discriminação –, que precisa ser renovado periodicamente (a cada duas semanas, por exemplo).

Comunicando-se

Entre os 3 e os 4 anos de idade, o vocabulário da criança enriquece na mesma medida que seu interesse pelas coisas ao redor amplia-se consideravelmente. É o momento em que começa a brincar com as palavras, muitas vezes inventando-as e achando graça apenas na sonoridade ou no ritmo, independentemente de qualquer significado. Meses atrás, no pátio da escola, um grupo de meninos e meninas rodava alegremente no carrossel ali existente, cantando o *hit* da hora e interrompendo a cantoria apenas para dar sonoras gargalhadas. E depois a cantilena recomeçava: *Você não me pega, no fundo da cueca.*

Essa faixa etária também se caracteriza pelos "por quês?" intermináveis. O momento, portanto, é propício para que a criança adquira novos conhecimentos, por meio de conversas e troca de experiências, e seja estimulada a fazer uso da linguagem oral – bem como de outras formas de expressão – para comunicar sentimentos e necessidades.

Entre os principais objetivos das atividades de linguagem no Jardim I, podemos citar:

- Enriquecimento de vocabulário.
- Aquisição de palavras e informações novas, por meio da troca de experiências entre crianças e adultos.

A CRIANÇA ATÉ 4 ANOS

- Desenvolvimento de hábitos de ouvir e falar em grupo: prestar atenção ao que o outro está dizendo; não interromper a pessoa que fala, esperando a sua vez de participar; não monopolizar a conversa; respeitar a opinião dos outros; falar baixo, sem gritar.
- Estímulo à diversificação das formas de expressão individual e em grupo.
- Uso da linguagem oral para comunicar-se, expressar desejos, vontades, necessidades e sentimentos nas diversas situações de interação presentes no cotidiano.
- Estímulo ao desenvolvimento do pensamento lógico, com as noções de começo, meio e fim.
- Estímulo à expressão da imaginação.
- Aprimoramento da pronúncia correta de fonemas e palavras.
- Aprimoramento da habilidade de expressão.
- Incentivo do desenvolvimento da linguagem poética.
- Desenvolvimento do ritmo.
- Estímulo ao trabalho em grupo.

ORIENTAÇÕES PARA A PROFESSORA

✓ Preste atenção à acuidade auditiva dos alunos.
✓ Esteja atenta aos assuntos levantados pelas crianças ou que estejam despertando seu interesse e/ou curiosidade.
✓ Ao iniciar uma conversa, verifique o que os alunos já sabem sobre aquele assunto.
✓ Escolha, para a realização das atividades com as crianças, ilustrações, fotos e gravuras nítidas e bem variadas (animais, frutas, legumes, vestuário, plantas, flores, móveis, utensílios domésticos, meios de transporte etc.). Use, também, gravuras/fotos de pessoas em ação.

✓ Observe continuamente o desenvolvimento da linguagem de cada criança, assinalando aquelas que persistirem em trocas e omissões de fonemas até os 4 anos.

Às atividades indicadas no capítulo anterior, podemos acrescentar as seguintes sugestões:

- Converse individualmente e/ou em grupo, estimulando que só fale uma criança de cada vez e as outras escutem.
- Entrevistas: na hora da rodinha, quando alguma criança trouxer uma novidade interessante ou quiser contar alguma coisa, sugira que os outros colegas formulem perguntas a ela.
- No desenvolvimento de algum projeto, ou mesmo dependendo do assunto que estiver sendo trabalhado, sugira às crianças que entrevistem uma pessoa da escola ou da família de algum aluno que se disponha a tal (quando necessário, a educadora ajuda a formular as perguntas).
- Hora da novidade: a professora e os alunos enfeitam uma caixa de sapatos, por exemplo. A cada semana, um aluno levará a caixa para casa e trará, dentro dela, um objeto escolhido por ele, juntamente com os pais. No dia combinado, os demais colegas tentarão adivinhar o que há dentro da caixa, a partir de perguntas, como: "Serve para brincar?", "É de vestir?", "É de comer?" Todos formularão as perguntas, que serão respondidas pela criança que trouxe o objeto, que será mostrado posteriormente. O aluno que trouxe poderá explicar por que escolheu aquele objeto.
- Verifique o grau de compreensão de histórias por meio de perguntas começadas por "quem", "onde", "por que", "como", "quando", "o que" etc.

- Estimule a reconstituição de histórias por meio de perguntas: "Como começou a história?", "O que aconteceu depois?", "Como termina a história?" etc.
- Sugira aos alunos que completem ou modifiquem a história com base em uma das ilustrações ou por meio de perguntas: "O que teria acontecido se...?", "Que outra coisa (atitude) tal personagem poderia ter feito (tomado)?", "De que outra maneira a história poderia terminar?" etc.
- Permita que as crianças levem livros para casa, formando uma espécie de Clube do Livro.
- Ofereça às crianças livros, revistas, histórias em quadrinhos etc., para observação e manuseio.

A IMPORTÂNCIA DOS JOGOS

Os jogos são atividades que desenvolvem o pensamento e a comunicação. Ao jogar, cada criança se relaciona com o grupo e aprende a respeitar regras preestabelecidas, o que implica respeitar o pensamento e a ação do outro.

- Trabalhe com adivinhações. Coloque objetos em um saco e faça perguntas, como: "Para que serve?", "Onde se compra?", "De que cor é?", "É de comer?", "É de vestir?", "É de brincar?" etc. Depois as próprias crianças podem fazer as perguntas.
- Organize brincadeiras com jogos de mesa: mico-preto, jogo de memória, animais e seus filhotes, dominós (cores/figuras/afinidades), quebra-cabeças, loto.
- Brinque de coro falado, utilizando quadrinhas e poemas escritos para (ou pelas) crianças: leia a quadrinha em voz alta,

explique o vocabulário (se for preciso) e peça ao grupo que repita um verso de cada vez; um aluno diz uma parte sozinho e os demais fazem o coro; um grupo diz um verso ou uma estrofe, outro diz o próximo e a turma toda diz o último verso ou estrofe etc.

- Sugira aos alunos que criem histórias simples partindo de gravuras, perguntando como começa a história, o que acontece depois e como pode terminar; peça a eles que deem nomes aos personagens.
- Mostre uma gravura e peça ao grupo que a identifique.
- Distribua uma gravura para cada aluno, para que ele diga, em voz alta, o que está vendo.
- Solicite mais detalhes sobre a gravura, como características, cor, utilidade etc.
- No meio da rodinha, coloque cartões de uma mesma classe e um diferente. Peça às crianças que digam qual é o diferente e por quê. Por exemplo: uma fruta no meio de vários bichos, uma roupa entre vários meios de transporte etc.
- Distribua os cartões e peça aos alunos que o agrupem. Por exemplo: bichos com bichos, roupas com roupas etc.

TRABALHANDO COM GRAVURAS E OBJETOS

Vejamos algumas sugestões de brincadeiras:

Com gravuras da mesma categoria
✓ Descrever características: cor, forma, tamanho, textura, utilidade;
✓ De que material é feito, onde se compra ou se acha;
✓ A partir de uma gravura, pensar em outras da mesma categoria.

Com gravuras de animais

✓ Pedir às crianças que imitem a voz de cada animal mostrado e também que imitem a maneira como os animais das gravuras se movimentam.

✓ Perguntar o que comem, onde vivem etc.

Com gravuras/fotos de pessoas em ação

✓ Descrever a gravura/foto (o que se vê). Depois, tentar perceber o que a pessoa está sentindo (sono, alegria, preocupação etc.); em que ambiente está (dentro de casa, numa loja, na rua, dentro de carro); pela roupa que usa, dizer se está calor ou frio, se é dia ou noite etc.

Relacionando objetos

✓ Colocar no chão vários objetos que têm relação entre si, dois a dois e solicitar aos alunos que formem pares. Por exemplo: lápis-papel; panela-tampa; pasta-escova de dentes; xícara-pires etc.

Trabalhando com um conjunto de objetos[7]

✓ Tirar do saco, dizendo o nome;

✓ Descrever o objeto, considerando cor, forma, textura, para que serve, onde se compra;

✓ Identificar objetos pelo tato;

✓ Professora diz o nome para a criança procurar no saco;

✓ Dramatizar, inventando histórias com o conjunto de objetos escolhido.

---

7. Essas atividades poderiam estar presentes no item "Matemática", uma vez que se utilizam da noção de conjunto. Na verdade, praticamente inexistem atividades pedagógicas que se prestem a um único objetivo, na faixa etária da educação infantil.

Trabalhando com vários conjuntos
✓ Misturar e separar dizendo por que pertencem a categorias diferentes;
✓ Partindo de uma categoria (por exemplo, animais selvagens), dizer o nome de outros que não estejam ali representados.

Trabalhando com vários objetos, iguais dois a dois (pareamento)
✓ A criança procura os dois objetos pares;
✓ Descrever por forma, cor, textura, utilidade etc.

Matemática

Embora o uso de alguns materiais já possa ajudar a criança de 3 a 4 anos a estabelecer relações entre os objetos, é muito importante que ela continue a usar o próprio corpo como referencial para a aquisição de determinadas noções, principalmente espaciais. Os jogos de mesa e outros brinquedos podem ser de grande valia para a percepção de alguns atributos, como cor, forma ou tamanho.

Entre os principais objetivos a ser alcançados por essa faixa etária, podemos enunciar:

- Identificar, discriminar e nomear as cores.
- Identificar e nomear as seguintes formas geométricas: círculo, quadrado, triângulo e retângulo.
- Identificar maior/menor, grande/pequeno por meio da comparação de dois ou mais elementos.
- Ordenar objetos em ordem crescente ou decrescente de tamanho.

A CRIANÇA ATÉ 4 ANOS

- Percepção de detalhes.
- Estabelecer relações espaciais identificando a localização de elementos em relação a um ou mais referenciais. Interpretar os termos: dentro/fora; embaixo/em cima; na frente/atrás/entre; por cima/por baixo; perto/longe; subir/descer; entrar/sair.

1. Cor

- Coloque sobre a mesa cartões com as cores primárias e secundárias. Mostre um lápis verde e peça a um aluno que pegue o cartão dessa cor. Repita a atividade variando as cores, até que todos tenham participado.
- Disponha sobre a mesa várias fichas, uma ao lado da outra. Peça a um aluno que reproduza com outras fichas essa mesma disposição de cores. Continue a atividade até que todos tenham participado.
- Forneça tinta azul-escura e tinta branca para que os alunos transformem o azul-escuro em azul-claro. Faça o mesmo com verde-escuro + branco = verde-claro; vermelho + branco = cor-de-rosa; preto + branco = cinza. Verifique se os alunos identificam os seguintes lápis de cor: azul-escuro, azul-claro, verde-escuro, verde-claro etc.
- Distribua quatro tiras de papel de mesmo comprimento, largura e cor, mas de tonalidades diferentes. Peça aos alunos que coloquem as tiras lado a lado, obedecendo à ordem da cor mais clara para a mais escura e vice-versa.

2. Formas

- Fixe no quadro uma ficha com a figura de um círculo. Mostre várias fichas. Entre elas, coloque figuras de círculos e solicite aos alunos que batam palmas toda vez que você mostrar uma ficha com essa forma.

- Repita a atividade, variando a ordem, com cada uma das figuras geométricas: quadrado, triângulo, retângulo.
- Trace em tamanho grande, no chão do pátio, um círculo, um quadrado e um triângulo. Distribua entre as crianças fichas com essas figuras. Em seguida, solicite a cada criança que entre no interior da figura que tem a forma de sua ficha (como a brincadeira "Coelhinho na toca", por exemplo).
- Trace em tamanho grande, no pátio, um círculo, um quadrado, um triângulo e um retângulo. Peça às crianças que deem as mãos, pisando sobre o traçado, formando "figuras geométricas humanas".
- Distribua entre os alunos fichas com figuras geométricas. Mostre a figura de um círculo e solicite que venham à frente todos os que tiverem uma figura com essa forma. Repita a atividade com as outras formas geométricas (a atividade pode ser feita como uma variante da brincadeira "Batatinha frita, 1, 2, 3").
- Promova a seguinte atividade de memória visual para a identificação de formas de figuras geométricas: mostre um triângulo e peça aos alunos que batam palmas toda vez que virem essa figura. Mostre um quadrado e peça para agacharem toda vez que virem essa figura. Mostre um círculo e diga para porem as mãos na cabeça toda vez que virem essa figura (a atividade pode ser feita como variante da brincadeira "Morto-vivo").
- Divida a turma em grupos e forneça-lhes caixas contendo figuras geométricas de plástico, de cores e tamanhos variados (círculo, quadrado, triângulo e retângulo). Peça aos alunos que separem os objetos de acordo com a forma.

- Desenhe no pátio dois círculos de tamanhos diferentes. Peça a um aluno que entre no círculo menor. Desenhe outras figuras geométricas e faça exercícios semelhantes, até que todos os alunos tenham participado.

LEMBRETE IMPORTANTE

As figuras geométricas não devem ser trabalhadas todas ao mesmo tempo, num primeiro momento. Recomenda-se que sejam apresentadas aos pares (círculo e quadrado; triângulo e retângulo, por exemplo), de maneira que as crianças sejam capazes de perceber, com nitidez, as diferenças de forma. Somente quando os alunos estiverem bem familiarizados com as quatro figuras, e com seus nomes, a professora poderá propor atividades em que todas sejam usadas.

3. Tamanho

- Faça uma bola grande e outra pequena, de argila ou de massinha.
- Forneça aos alunos pares de objetos de formas iguais, mas de tamanhos diferentes. Pergunte: "Qual é o maior?", "Qual é o menor?"; ou: "Qual é o grande?", "Qual é o pequeno?"
- Coloque no chão três objetos da mesma forma, mas de tamanhos diferentes. Peça a um aluno que coloque os objetos um ao lado do outro, do menor para o maior. Aumente o número de objetos, à medida que os alunos forem desenvolvendo a capacidade de ordená-los por tamanho.
- Peça às crianças que procurem em revistas figuras de carros. Recorte-as e peça a eles que colem por ordem de tamanho.

4. Associação de forma, cor e tamanho

Uma sugestão interessante é fazer 32 cartões coloridos para desenvolver nos alunos as ideias de forma, cor e tamanho. Observe estas características:

- Forma: quadrado, retângulo, círculo e triângulo.
- Cor: amarelo, azul, vermelho e verde.
- Tamanho: grande e pequeno.

Cada cor deve ter oito cartões, assim distribuídos: quatro cartões grandes, sendo um de cada forma, e quatro cartões pequenos, sendo um de cada forma. Fazer, por exemplo, na cor vermelha: um triângulo grande e um pequeno, um quadrado grande e um pequeno, um retângulo grande e um pequeno, um círculo grande e um pequeno.
Atividades usando os cartões:

- Deixar os alunos manusearem as figuras à vontade para que percebam sozinhos as diferenças entre as mesmas.
- Colocar os cartões sobre a mesa. Pedir a um aluno que retire da mesa o triângulo pequeno vermelho e mostre aos colegas. Continuar a atividade até que todos os alunos tenham participado e todos os cartões tenham sido utilizados.
- Pedir aos alunos que separem em um montinho as figuras grandes e em outro, as figuras pequenas.
- Pedir que venham à frente os alunos que estão com as figuras verdes.
- Pedir que venham à frente os alunos que estão com a figura do triângulo azul.
- Pedir que venham à frente as crianças que estão com os círculos etc.

A educadora também pode organizar uma sequência com mais de um atributo e as crianças devem reproduzir a sequência descobrindo os atributos. Exemplo: um triângulo amarelo, um círculo azul e um quadrado vermelho.

5. Percepção de detalhes

- Pedir a um aluno que venha à frente da sala. Solicitar aos colegas que observem com atenção os detalhes desse aluno. Levá-lo para fora da sala e fazer uma pequena mudança (dobrar a manga da camisa ou a barra da calça, por exemplo). Retornar com o aluno para a sala e deixar os outros observarem. Perguntar: "O que mudou?"
- Fornecer aos alunos papel com contorno (tipo silhueta) de figuras conhecidas. Pedir que identifiquem as figuras e colem pedacinhos de papel no interior do contorno.
- Desenhar diversos cartões com figuras diferentes. Para cada figura, fazer um cartão com a silhueta correspondente. Distribuir uma figura para cada aluno e colocar as silhuetas sobre a mesa. Solicitar que procurem a silhueta correspondente à sua figura. Cada aluno deve mostrar aos colegas a figura e a silhueta.
- Promover atividades para que os alunos percebam semelhanças e diferenças. Exemplos: apresentar três lápis azuis e um amarelo. Perguntar: "Qual é o lápis diferente? Por quê?"; apresentar quatro copos iguais: três com água até a metade e um vazio. Perguntar: "Qual é o copo diferente? Por quê?"
- Distribuir pedaços de papel de presente com estamparias variadas, iguais duas a duas. Misturá-los e pedir aos alunos que formem pares com os papéis iguais. Fazer a mesma atividade utilizando estamparias de tecidos, pedaços de renda, gravuras etc.

6. Localização no espaço

De modo geral, essa noção pode ser trabalhada em situações do cotidiano, como ao pedir que os alunos tirem a agenda de *dentro* da mochila, ou que peguem algum objeto ou brinquedo que está *perto* ou *longe* de alguma criança, por exemplo. Ou então sugerindo que cada um deixe o sapato *embaixo* da sua cadeira, ao sair da sala para o tanque de areia. O importante é que a professora esteja atenta para que também esse trabalho seja feito com intenção pedagógica, e não apenas de maneira aleatória. Ainda assim, algumas brincadeiras – muitas delas desenvolvidas em aulas específicas de educação física – podem reforçar essas noções.

- Esticar uma corda a uma altura de aproximadamente trinta centímetros do chão e pedir às crianças que passem primeiro por baixo e depois por cima dela.
- No pátio, construir caminhos ou circuitos com pneus, panos, tábuas, cordas etc. de modo a permitir que as crianças passem por dentro, por baixo e por cima de objetos.
- Fazer uma fila com crianças em pé. Pedir ao último da fila que passe uma bola por cima da cabeça para o colega da frente; este a passa para o seguinte, e assim sucessivamente. Depois, o primeiro da fila passará a bola por baixo das pernas para o colega de trás, e assim por diante.
- Brincar de "Passarás, não passarás".[8]

---

8. Duas crianças, uma de frente para a outra, dão as mãos e levantam os braços esticados, formando um "túnel". Cada uma representa uma cor (ou fruta, ou bicho, ou figura geométrica etc.). As demais crianças, em fila, atravessam o "túnel" cantando *Passarás, não passarás/ quem me deixa eu passar/ se não for o da frente/ há de ser o de trás, trás...* A criança que passar na hora em que a música acabar é presa no túnel, escolhe uma das duas cores (ou frutas etc.) e vai para trás da criança que representa a cor escolhida. Depois que todas as crianças tiverem passado, vence a criança que tiver a fila mais comprida atrás de si.

- Colocar um objeto qualquer a uma distância de cerca de dez metros de uma linha traçada no chão. Propor às crianças que, pisando na linha, cada uma jogue uma bola de pano em direção ao objeto. A criança que jogar a bola mais perto do objeto ganha o jogo. Verificar se os alunos identificaram que as bolas ficaram em distâncias diferentes do objeto. Promover a atividade em grupos de três alunos, até que todos tenham lançado a bola de pano.

Conhecimento do mundo: por quê?

Vimos que a criança de 3 anos demonstra grande curiosidade pelas pessoas e pelo mundo que a cerca. O fácil acesso aos meios de comunicação, principalmente nos centros urbanos, faz que ela desenvolva uma enorme gama de interesses – de dinossauros a foguetes interplanetários, dos heróis e castelos às competições esportivas. A criança de 3 anos quer saber tudo e adora aprender coisas novas. Com base nas investigações resultantes de sua curiosidade, ela constrói, paulatinamente, sua concepção de mundo. Dependendo da maneira como essa curiosidade for atendida, a criança tenderá a querer saber e se aprofundar cada vez mais nos assuntos.

A educadora deve, portanto, criar um ambiente propício à investigação, oferecer material adequado e atraente, criar situações estimulantes e formular hipóteses e perguntas para incentivar a criança a observar o seu entorno – e atuar sobre ele – de maneira consciente e sensível. A criança deve ser incentivada a *ver*, e não apenas a olhar.

Com esses estímulos, é bem provável que ela também se torne capaz de "formular suas próprias questões, buscar respostas, imaginar soluções, formular explicações, expressar suas opiniões, interpretações e concepções de mundo, confrontar seu modo de pensar com o de outras crianças e adultos, e de relacionar seus conhecimentos e ideias a contextos mais amplos" (RCNEI, v. 3, p. 172).

A educadora deve estar sempre atenta às indagações e especulações que as crianças fazem durante conversas com os colegas, ou quando ouvem histórias, para perceber que assuntos estão despertando – ou poderão despertar – sua curiosidade naquele momento. Os projetos didáticos poderão ser propostos pela educadora com base na escuta dessas conversas ou indagações.

Cuidar de pequenos animais (periquitos, coelhos, tartarugas) existentes na escola ou trazidos por algum aluno; preparar alimentos (projetos culinários); cuidar de canteiro, horta ou jardim; fazer passeios exploratórios dentro e fora da escola; ouvir e encenar contos de fadas e outras histórias infantis de qualidade – tudo isso pode servir como ponto de partida para estimular a curiosidade da criança de maneira rica, com gosto de quero mais.

A DELICADA (E IMPORTANTE) TAREFA DE COLOCAR LIMITES ÀS CRIANÇAS

A noção de *limites* é, às vezes, associada, por alguns pais e educadores, à ideia de cerceamento da expressão criativa e da curiosidade da criança. Sem dúvida, esse tipo de associação demonstra que essas pessoas estão preocupadas com o desenvolvimento saudável dos pequenos. Mas será que dar limites é a mesma coisa que privar de liberdade?

No mundo adulto, ninguém questiona a necessidade dos limites, haja vista todo o sistema de leis, escritas ou não, que rege a vida em sociedade. Um automóvel não pode ultrapassar o sinal vermelho (ou pelo menos não deveria...), do mesmo modo que não se deve roubar ou furar a fila na bilheteria do cinema. As sanções variam de acordo com a gravidade do delito. No último caso, por exemplo, a reprimenda talvez se limite a olhares reprovadores ou a manifestações de desagrado por parte dos demais integrantes da fila. Mas todos os três exemplos servem para mostrar com que frequência nossa vida tem de ser conduzida dentro de alguns limites.

Acontece, porém, que os limites humanos não são naturais. Os sistemas de leis, as normas de convivência, os tabus, o que é e o que não é aceitável variam em função dos valores e da cultura deste ou daquele grupamento social. Isso significa que os limites (assim como as línguas) precisam ser aprendidos. Portanto, devem ser ensinados. A criança pequena precisa aprender a conviver com suas próprias limitações humanas, com as limitações sociais, e também a diferenciar situações. Somente assim poderá tornar-se sujeito da sua vida, da sua cultura, integrada ao universo simbólico e cultural da sociedade onde vive.

Nos seus primeiros anos de vida, a criança se imagina onipotente. Ela é o centro do mundo e acredita poder ter ou fazer tudo que quer. Mas as coisas não são bem assim. Esse mundo maravilhoso oferece perigos atraentes, como portas e janelas e plantas saborosas, o que obriga os adultos não só a uma vigilância permanente, como também a repetir, com muita frequência, "Não, não pode". A partir dos 3 ou 4 anos, a criança poderá ter internalizado algumas regras, mas somente a partir dos 5 ou 6 ela será capaz de entender os motivos das proibições e as consequências dos seus atos. O que não quer dizer que a vontade de transgredir desapareça (ainda bem!).

A colocação de limites, porém, não pode ter como motivação a satisfação dos desejos pessoais dos adultos: "Não faça isso porque eu não quero ou porque eu não gosto ou porque estou cansado". Para que a criança compreenda o limite, é necessário que ele tenha uma razão clara, externa ao seu próprio desejo e ao desejo do adulto, uma razão imperiosa que o justifique e tenha como objetivo primordial sua segurança física e emocional. É preciso que o estabelecimento de limites seja compreendido como um gesto positivo. Colocar limites significa que o adulto é cuidadoso e está atento à criança. Aí, sim, ela se sentirá segura para fazer suas experimentações, sabendo que terá proteção quando se colocar em situações de perigo.

Se, por um lado, a criança pequena se sente onipotente, por outro vê o adulto como responsável por tudo que acontece: pela chuva, pelo tombo do velocípede, pela onda do mar. Trata-se, ele sim, de um ser todo-poderoso, que tudo pode e tudo sabe. O adulto é um modelo a ser imitado, uma pessoa invejável e amada acima de todas as coisas... mas que às vezes assume a forma do ogro malvado dos contos de fadas, pois "anoitece e me manda dormir, não me deixa mergulhar naquela piscina bonita, não permite que eu passe o ferro na roupa..." E, quando isso acontece, a criança odeia o adulto amado.

Esses sentimentos fortes e conflitantes, difíceis de compreender, costumam gerar na criança sensação de culpa, principalmente quando ela age de modo a desagradar aos pais. Para a criança pequena, é importante que pais e educadores expressem seu desagrado, irritação até, de maneira clara, a fim de que ela perceba que sentimentos antagônicos também existem nos adultos, sem que os "negativos" destruam a ligação afetiva fundamental. Quando o adulto estabelece um limite, quando expressa seus sentimentos "negativos" perante um fato, ele está, ao mesmo tempo, mostrando à criança que os sentimentos "positivos" podem ser reconstruídos.

A todo momento, e sempre que possível, a criança testa o adulto para ver se ele é mesmo mais *sabido* e mais *forte* do que ela. E também para ter certeza do que pode e do que não pode fazer. Educadores devem estar conscientes desse papel para poder desempenhá-lo com relativa tranquilidade, sabendo que toda repetição é necessária para qualquer aprendizagem.

O processo de construção do sujeito compreende a fantasia, a imitação do adulto, a alternância de comportamentos agressivos e carinhosos, a desobediência e, por vezes, a birra. É fundamental que desobediência e birra (ou outras manifestações semelhantes) sejam entendidas como uma solicitação para que o adulto esclareça o que é aceitável e o que não é, uma vez que a criança não consegue expressar verbalmente tudo que está sentindo ou querendo saber. Como as leis do mundo adulto, os limites também servem para estabelecer algumas normas de convivência social. Uma criança pequena não pode rasgar o desenho do amigo, por qualquer que seja o motivo, do mesmo modo que não pode danificar os controles remotos da casa. A convivência social pressupõe normas que devem ser aprendidas desde cedo, para que possam estar internalizadas quando a criança chegar à fase adulta. O respeito ao próximo e a solidariedade são princípios fundamentais de convivência social que podem – e devem – ser estimulados desde a mais tenra idade.

Como colocar limites

Com clareza e honestidade, pois nunca se pode esquecer do seu caráter didático. Nesse sentido, a coerência é um aspecto a ser considerado. Os desentendimentos abertos entre pai e mãe, por exemplo, quanto aos limites, confundem a criança e favorecem que ela jogue um contra o outro.

As ironias devem ser evitadas por serem inócuas, uma vez que a criança não é capaz de entender as várias conotações de uma palavra ou de uma entonação. Pelo mesmo motivo, devem ser evitadas explicações muito longas e detalhadas, que só servirão para deixá-la confusa. Isso não significa que não se deva fazer uso da argumentação. Muito pelo contrário. Mas pais e educadores precisam estar seguros do seu ponto de vista para poder dar explicações curtas e firmes, sem ficar encompridando a conversa. Para isso, é necessário que as exigências feitas estejam dentro das possibilidades da criança e de acordo com sua faixa etária.

Além de adequados, os limites têm de ser flexíveis. É preciso levar em consideração a idade da criança, as diferenças individuais e mesmo a situação. Num dia quente, de muito sol, por exemplo, não há por que proibir a criança de brincar descalça; já num dia chuvoso e frio de inverno não se poderia ter o mesmo procedimento. Nos casos em que há modificação ou relaxamento das normas, os motivos devem ser explicados à criança de forma simples e objetiva. Cabe ao adulto exercitar o seu bom senso, estabelecendo regras que a criança possa cumprir, proporcionais à situação, para que ela consiga discernir o certo do errado, o grave do mais grave, internalizando o limite e autodisciplinando-se.

Embora não haja uma regra fixa para a colocação de limites, há situações em que eles serão *sempre* necessários. Por exemplo, quando a criança corre qualquer risco físico; quando há agressão física intensa de criança para criança (mordidas, empurrões em escadas, "atropelamento" com velocípede etc.), entre crianças de faixas etárias diferentes ou com diferenças grandes na capacidade de defesa. Do mesmo modo, não se deve permitir que a criança agrida o adulto porque, além de agravar o sentimento de culpa que surge naturalmente, a confiança básica pode ser abalada: "Se minha mãe (pai, avó, educadora) não é capaz de se defender, como poderá defender-me dos perigos do mundo?"

Em contrapartida, também há limites na maneira de colocar os limites. A chantagem, a indiferença ou "gelo" – isto é, não dirigir a palavra à criança, fazendo de conta que ela não existe e ignorando suas solicitações – e a violência física são formas absolutamente nocivas, pois desconsideram o aspecto educativo, deixando transparecer apenas o rancor do adulto.

Não gostaríamos de deixar a impressão de que o limite é mais importante do que a liberdade: os dois devem ser distribuídos com equilíbrio, uma vez que se complementam. A liberdade em excesso pode dar à criança a sensação de abandono, tornando-a insegura quanto ao afeto do adulto. Os limites em excesso impedem que a criança tome a iniciativa de explorações e experimentações, podendo, também, torná-la insegura. Por isso, pais e educadores devem sempre questionar sua atuação e seus valores, a fim de contribuir responsável e positivamente para o desenvolvimento da criança.

BIBLIOGRAFIA/
PARA SABER MAIS

ACSELRAD, Carlos. *Confidências de um recém-nascido.* São Paulo: Página Aberta, 1993.

BONDIOLI, Anna; MANTOVANI, Susanna. *Manual de educação infantil – De 0 a 3 anos.* 9 ed. Porto Alegre: Artmed, 1998.

BRASIL. *Referencial Curricular Nacional para a Educação Infantil* (RCNEI). Ministério da Educação e do Desporto, Secretaria de Educação Fundamental. 3 volumes. Brasília: MEC/SEF, 1998.

BRITO, T. A. *A música na educação infantil – Proposta para a formação integral da criança.* São Paulo: Peirópolis, 2003.

CARVALHO, Rosana; GOMES, Sandra H. Pinto; BRUNELLO, Rita. "É meu, é seu, é nosso ou é da creche?". In: ROSSETTI-FERREIRA, Maria Clotilde *et al.* (orgs.). *Os fazeres na educação infantil.* São Paulo: Cortez, 1998.

CECCON, Claudius; CECCON, Jovelina P. *A creche saudável*. Porto Alegre: Artmed, 2000.

DAWS, Dilys *et al.* (orgs.). *Seu filho de 1 ano – Orientação psicológica para pais*. Rio de Janeiro: Imago, 1973.

DE MEUR, Auguste; STAES, Lucie. *Psicomotricidade – Educação e reeducação*. São Paulo: Manole, 1989.

EDWARDS, Carolyn; GANDINI, Leila; FORMAN, George. *As cem linguagens da criança*. Porto Alegre: Artmed, 1999.

FARIA, Ana Lúcia Goulart de. *Educação pré-escolar e cultura*. São Paulo: Cortez, 1999.

GARDNER, Howard. *A criança pré-escolar: como pensa e como a escola pode ensiná-la*. Porto Alegre: Artmed, 2001.

GESELL, Arnold. *A criança dos 0 aos 5 anos*. 2. ed. São Paulo: Martins Fontes, 1989.

KAERCHER, Gladys E.; CRAIDY, Carmem Maria. *Educação infantil*. Porto Alegre: Artmed, 2000.

KRAMER, Sônia; LEITE, Maria Isabel; NUNES, Maria Fernanda. *Infância e educação infantil*. Campinas: Papirus, 1999.

LÉVY, Janine. *O despertar do bebê – Práticas de educação psicomotora*. São Paulo: Martins Fontes, 1978.

MARINHO, Helena S. *Brincar e reeducar – O folclore infantil em psicomotricidade e fonoaudiologia*. Rio de Janeiro: Revinter, 1993.

MIRANDA, Nicanor. *200 jogos infantis*. Belo Horizonte: Itatiaia, 1984.

OSBORNE, Elsie L. *et al.* (orgs.). *Seu bebê – Orientação psicológica para pais.* Rio de Janeiro: Imago, 1973.

ROSENBLUTH, Dina *et al. Seu filho de 2 anos – Orientação psicológica para pais.* Rio de Janeiro: Imago, 1973.

_____. *Seu filho de 3 anos – Orientação psicológica para pais.* Rio de Janeiro: Imago, 1973.

ROSSETTI-FERREIRA, Maria Clotilde *et al.* (orgs.). *Os fazeres na educação infantil.* São Paulo: Cortez, 1998.

SALVADOR, César Coll. *Aprendizagem escolar e construção do conhecimento.* Porto Alegre: Artmed, 1994.

SILVA, Alma Helena A.; COSTA, Eliane F. "O adulto, um parceiro especial". In: ROSSETTI-FERREIRA, Maria Clotilde *et al.* (orgs.). *Os fazeres na educação infantil.* São Paulo: Cortez, 1998.

SOUZA, Regina Célia de; BORGES, Maria Fernanda S. Tognozzi (orgs.). *A práxis na formação de educadores infantis.* Rio de Janeiro: DP&A, 2002.

STONE, L. Joseph; CHURCH, Joseph. *Infância e adolescência.* 3. ed. Belo Horizonte: Interlivros, 1979.

WAJSKOP, Gisela. *Brincar na pré-escola.* São Paulo: Cortez, 1995.

WIEGEL, Anna Maria G. *Brincando de música*. Porto Alegre: Kuarup, 1988.

WINNICOTT, D. W. *A criança e o seu mundo*. 5. ed. Rio de Janeiro: Zahar, 1979.

ZABALZA, Miguel A. *Qualidade em educação infantil*. Porto Alegre: Artmed, 1998.

ZAGURY, Tânia. *Educar sem culpa*. São Paulo: Círculo do Livro, 1993.

leia também

GESTOS DE CUIDADO, GESTOS DE AMOR
ORIENTAÇÕES SOBRE O DESENVOLVIMENTO DO BEBÊ
André Trindade

Cuidar de um bebê demanda mais que amor e instinto: exige precisão. Este livro encantador ensina pais, mães, professores e cuidadores em geral a lidar com bebês de maneira correta nas mais diversas situações: o banho, a amamentação, a massagem, o sono e muito mais. Belamente ilustrado e impresso em 4 cores, aborda ainda o desenvolvimento motor e cerebral das crianças desde o nascimento até os 3 anos.

REF. 10378   ISBN 978-85-323-0378-3

COMO FALAR PARA O ALUNO APRENDER
Adele Faber e Elaine Mazlish

Das mesmas autoras de *Como falar para seu filho ouvir e como ouvir para seu filho falar*, este livro traz sugestões para os problemas de comunicação entre alunos, professores e pais. De forma leve e divertida, analisa as situações mais recorrentes de dificuldades escolares. As autoras demonstram que grande parte desses problemas pode ser solucionada ou encaminhada mudando-se a forma de comunicação entre as partes envolvidas.

REF. 10866   ISBN 85-323-0866-X

SEU BEBÊ EM PERGUNTAS E RESPOSTAS
DO NASCIMENTO AOS 12 MESES
Sylvio Renan Monteiro de Barros

Obra que reúne informações imprescindíveis para mães e pais de primeira viagem. Mas não se trata de um compêndio técnico sobre o "bebê-padrão", e sim de um livro que aborda casos específicos atendidos pelo autor ao longo de três décadas de pediatria. Dividido em trimestres, traz perguntas e respostas sobre desenvolvimento físico e psicológico, alimentação, sono, comportamento, estímulos e cuidados com o bebê.

REF. 50054   ISBN 978-85-7255-054-3

BABÁ/MÃE
MANUAL DE INSTRUÇÕES
Roberta Palermo

A babá é hoje uma das profissionais mais importantes na vida da família. Porém, os pais muitas vezes delegam a ela a responsabilidade de educar e cuidar integralmente da criança. Escrito para mães e babás, este livro visa melhorar o relacionamento entre ambas. De um lado estão dicas para que a mãe encontre uma boa babá, ajude-a a se adaptar à rotina familiar e conheça a legislação trabalhista. Do outro, a babá encontrará dicas para trabalhar bem, lidar com conflitos e transmitir segurança aos pais.

REF. 70009   ISBN 978-85-88641-09-9

------ dobre aqui ------

**Carta-
-resposta**
9912200760/DR/SPM
Summus Editorial Ltda.
CORREIOS

CARTA-RESPOSTA
NÃO É NECESSÁRIO SELAR

O SELO SERÁ PAGO POR

AC AVENIDA DUQUE DE CAXIAS
01214-999 São Paulo/SP

------ dobre aqui ------

A CRIANÇA ATÉ 4 ANOS

------ recorte aqui ------

CADASTRO PARA MALA-DIRETA

Recorte ou reproduza esta ficha de cadastro, envie-a completamente preenchida por correio ou fax, e receba informações atualizadas sobre nossos livros.

Nome: _____ Empresa: _____
Endereço: ☐ Res. ☐ Com. _____ Bairro: _____
CEP: _____ - _____ Cidade: _____ Estado: _____ Tel.: ( ) _____
Fax: ( ) _____ E-mail: _____
Profissão: _____ Professor? ☐ Sim ☐ Não Disciplina: _____ Data de nascimento: _____

1. Onde você compra livros?

☐ Livrarias ☐ Feiras
☐ Telefone ☐ Correios
☐ Internet ☐ Outros. Especificar: _____

2. Onde você comprou este livro? _____

3. Você busca informações para adquirir livros:

☐ Jornais ☐ Amigos
☐ Revistas ☐ Internet
☐ Professores ☐ Outros. Especificar: _____

4. Áreas de interesse:

☐ Educação ☐ Administração, RH
☐ Psicologia ☐ Comunicação
☐ Corpo, Movimento, Saúde ☐ Literatura, Poesia, Ensaios
☐ Comportamento ☐ Viagens, *Hobby*, Lazer
☐ PNL (Programação Neurolinguística)

5. Nestas áreas, alguma sugestão para novos títulos? _____

6. Gostaria de receber o catálogo da editora? ☐ Sim ☐ Não

7. Gostaria de receber o Informativo Summus? ☐ Sim ☐ Não

Indique um amigo que gostaria de receber a nossa mala direta

Nome: _____ Empresa: _____
Endereço: ☐ Res. ☐ Com. _____ Bairro: _____
CEP: _____ - _____ Cidade: _____ Estado: _____ Tel.: ( ) _____
Fax: ( ) _____ E-mail: _____
Profissão: _____ Professor? ☐ Sim ☐ Não Disciplina: _____ Data de nascimento: _____

Summus Editorial
Rua Itapicuru, 613 7º andar 05006-000 São Paulo - SP Brasil Tel. (11) 3872-3322 Fax (11) 3872-7476
Internet: http://www.summus.com.br   e-mail: summus@summus.com.br

cole aqui